Birgit Lascho

Nachdenken über Sprache mit Gewinn

Unterrichtsmaterialien zur Reflexion über Sprache

Kopiervorlagen für die Klassenstufen 5 bis 10

Rund um Substantive: Substantive, die nur im Singular vorkommen ; Substantive, die nur im Plural vorkommen ; Gleichklingende Substantive mit unterschiedlicher Schreibung und Bedeutung ; Substantive, bei denen die Gliederung bei der Aussprache die Bedeutung anzeigt ; Substantivzusammensetzungen ; Substantive und der passende Artikel ; Substantive mit zwei Artikeln unterschiedlichen Geschlechts und einer Bedeutung ; Substantive, bei denen der Artikel die Bedeutung anzeigt ; **Rund um Verben:** Substantive und Verben, bei denen die Betonung die Bedeutung anzeigt ; Regelmäßige und unregelmäßige Verbformen ; Transitive und intransitive Verben mit unterschiedlichen Formen ; Trennbare Partikel- und untrennbare Präfix-Verbzusammensetzungen mit Bedeutungsunterschied ; **Rund um Adjektive:** Steigerbare und nicht steigerbare Adjektive ; Steigerung von zusammengesetzten Adjektiven ; Bildung von Farbadjektiven ; **Rund um besondere sprachliche Phänomene:** Wörter mit wörtlicher und übertragener Bedeutung ; Euphemismen ; Sprachliche Bilder ; Redewendungen ; Fremdwörter ; **Rund um verschiedene Spracharten:** Fachsprache ; Behördensprache ; Jugendsprache ; **Rund um Sprachwandel:** Sprachwandel: Wörter und ihre gewandelte Bedeutung ; Sprachwandel: Vom Kommen und Gehen von Wörtern ; **Rund um Sprachfallen:** Scheinanglizismen ; Stilblüten ; Überschriften ; Holzwegsätze mit „und" oder „oder"

70 kopierfertige Arbeitsblätter
mit Lösungen zur Selbstkontrolle und Hilfekarten zur Binnendifferenzierung

© Birgit Lascho: Nachdenken über Sprache mit Gewinn, Unterrichtsmaterialien zur Reflexion über Sprache, Kopiervorlagen für die Klassenstufen 5-10, 2016.

© 2016 Birgit Lascho

Herstellung und Verlag BoD – Books on Demand Norderstedt

ISBN: 9783743140776

Bibliografische Information der Deutschen Nationalbibliothek

Die deutsche Nationalbibliothek verzeichnet diese Publikation in der deutschen Nationalbibliografie; detaillierte bibliografische Daten sind im Internet über http://dnb.dnb.de abrufbar

© Birgit Lascho: Nachdenken über Sprache mit Gewinn, Unterrichtsmaterialien zur Reflexion über Sprache, Kopiervorlagen für die Klassenstufen 5-10, 2016.

Inhaltsverzeichnis

Vorwort	**4**
1) Rund um Substantive	**6**
AB 1: Substantive, die nur im Singular vorkommen	6
AB 2: Substantive, die nur im Plural vorkommen	7
AB 3: Gleichklingende Substantive mit unterschiedlicher Schreibung und Bedeutung	8
AB 4: Substantive, bei denen die Gliederung bei der Aussprache die Bedeutung anzeigt	9
AB 5-6: Substantivzusammensetzungen 1-2	10
AB 7-8: Substantive und der passende Artikel 1-2	12
AB 9: Zusammengesetzte Substantive und der richtige Artikel	14
AB 10-11: Substantive mit zwei Artikeln unterschiedlichen Geschlechts und einer Bedeutung 1-2	15
AB 12-13: Substantive, bei denen der Artikel die Bedeutung anzeigt 1-2	17
2) Rund um Verben	**19**
AB 14: Substantive und Verben, bei denen die Betonung die Bedeutung anzeigt	19
AB 15-16: Regelmäßige und unregelmäßige Verbformen 1-2	20
AB 17-19: Transitive und intransitive Verben mit unterschiedlichen Formen 1-3*	22
AB 20-21: Trennbare Partikel- und untrennbare Präfix-Verbzusammensetzungen mit Bedeutungsunterschied	25
3) Rund um Adjektive	**27**
AB 22-23: Steigerbare und nicht steigerbare Adjektive 1-2	27
AB 24: Steigerung von zusammengesetzten Adjektiven	29
AB 25: Bildung von Farbadjektiven	30
4) Rund um besondere sprachliche Phänomene	**31**
AB 26-28: Wörter mit wörtlicher und übertragener Bedeutung 1-3	31
AB 29-30: Euphemismen 1-2*	34
AB 31-32: Sprachliche Bilder 1-2	36
AB 33-37: Redewendungen 1-5	38
AB 38-42: Fremdwörter 1-5*	43
5) Rund um verschiedene Spracharten	**48**
AB 43-45: Fachsprache 1-3*	48
AB 46-50: Behördensprache 1-5**	51
AB 51-53: Jugendsprache 1-3*	56
6) Rund um Sprachwandel	**59**
AB 54-57: Sprachwandel: Wörter und ihre gewandelte Bedeutung 1-4*	59
AB 58-59: Sprachwandel: Vom Kommen und Gehen von Wörtern 1-2**	63
7) Rund um Sprachfallen	**65**
AB 60-61: Scheinanglizismen 1-2*	65
AB 62-66: Stilblüten 1-5*	67
AB 67-68: Überschriften 1-2*	72
AB 69-70: Holzwegsätze mit „und" oder „oder"**	74
Lösungen	**76**
Hilfekarten	**104**
Literatur	**111**

*höherer Schwierigkeitsgrad, daher Verwendung erst ab Klasse 8 zu empfehlen

**hoher Schwierigkeitsgrad, daher Verwendung erst ab Klasse 9 zu empfehlen

HK bei der Aufgabe = Hinweissymbol auf Hilfekarte im Anhang

Vorwort

Was ist der Plural von Milch? Wie heißt der Singular von Leute? Meint „Staubecken" staubige Ecken oder ein Staubecken für Wasser? Meint „Kindergartenstuhl" einen Gartenstuhl für Kinder oder einen kleinen Stuhl für Kindergärten? Welche Tricks gibt es, den passenden Artikel für Substantive zu finden? Können Substantive auch zwei Artikel haben? Hat das Wort „umfahren" immer die gleiche Betonung und Bedeutung? Was hat es mit regelmäßigen und unregelmäßigen Verben auf sich und hat „winken" ähnliche Formen wie „sinken"? Kann man das Adjektiv „einzigartig" steigern? Was bedeutet „einen Kater haben" und „kaltstellen" denn nun? Klingt „Seniorenresidenz" besser als „Altenheim"? Was meint der bildhafte Ausdruck „ein Brett vor dem Kopf haben" und ist der bildhafte Ausdruck „er kam wie ein Blitz hereingeschneit" passend? Was hat es mit der Redewendung „aufs Glatteis führen" auf sich? Vollführt ein Artist im Zirkus einen Saldo oder Salto und was hat es mit Fremdwörtern weiter auf sich? Was ist eine „raufutterverzehrende Großvieheinheit" und was hat es mit der Behördensprache auf sich? „Ich bin U-Bahn.", was kennzeichnet Jugendsprache und wann darf man sie verwenden? Unterliegen Teile unseres Wortschatzes einem Sprachwandel oder nicht? Handelt es sich bei „Handy" und „Public viewing" um Wörter aus dem Englischen? Warum lacht man über die Satzfolge „Der Viehhändler hatte mit seinem Transporter den Zaun angefahren. Das Schwein konnte erst später eingefangen werden." und wie kann man Stilblüten vermeiden? Was ist mit der Überschrift „Drei Jahre Haft für toten Polizeihund" gemeint und wie kann man solche Überschriften eindeutig formulieren? Diese und weitere sprachlich interessante Fragen werden in der folgenden Unterrichtsmaterialiensammlung für die Klassenstufen 5 bis 10 aufgegriffen, um Lehrkräften interessantes und motivierendes Material und somit Ideen an die Hand zu geben, wie sie mit ihren Lernenden wie in den Lehrplänen und Bildungsstandards gefordert über Sprache nachdenken können.

Da die Materialien die Lernenden dabei nicht nur dazu anregen, sprachliche Phänomene so weit wie nötig angeleitet selbst zu ergründen, sondern sich darüber hinaus in vielen Fällen noch Strategien zu erarbeiten, wie sie bestimmte Probleme und Schwierigkeiten umgehen können, haben die Lernenden hier die Möglichkeit, aus dem Nachdenken über Sprache besonderen Gewinn zu ziehen. So erarbeiten sich die Lernenden zum Beispiel nicht nur, wodurch Stilblüten entstehen, sondern sie erfahren auch, wie man die entsprechenden Sachverhalte formulieren muss, damit die Stilblüte aus der Formulierung verschwindet. Auf diese Weise lernen die Lernenden, wie man sich grammatisch und stilistisch korrekt ausdrückt, und trainieren damit ihr Ausdrucksvermögen. Bei Stilblüten, die von grammatischen Bezugsfehlern herrühren, trainieren die Lernenden darüber hinaus sogar das Erfassen von Texten. Damit steht das Nachdenken über Sprache nicht allein im luftleeren Raum, sondern verfolgt eine klare Zielsetzung.

Die sprachlichen Aspekte, die in dieser Unterrichtsmaterialiensammlung aufgegriffen wurden, weil sie sich für Lernende oft als Stolperfallen beim Verfassen von Aufsätzen oder beim Textverständnis erweisen, lassen sich dabei gut mit den Lehrplanthemen der Klassen 5 bis 10 verknüpfen, so dass ein integratives Nachdenken über Sprache leicht zu verwirklichen ist. Der Lehrkraft steht es dabei frei, an welche Unterrichtsthemen sie die Behandlung der einzelnen sprachlichen Phänomene aus dieser Unterrichtsmaterialiensammlung anbindet. So können die Materialien zu den dem Themenbereich „regelmäßige und unregelmäßige Verben" zum Beispiel bei der Behandlung von Märchen bearbeitet werden, genauso gut ist es aber auch möglich, diese Materialien bei der Behandlung der Wortart „Verb" innerhalb einer Unterrichtseinheit zu den Wortarten durchzunehmen. Die Materialien zu dem Themenbereich „Wörter mit wörtlicher und übertragener Bedeutung" können zum Beispiel bei der Behandlung von Schelmengeschichten, insbesondere den Eulenspiegelgeschichten, hervorragend als Vertiefung oder auch vorbereitende Hinführung bearbeitet werden, da die Pointe vieler Eulenspiegelgeschichten gerade darin besteht, dass der Held Eulenspiegel in übertragener Bedeutung gemeinte Ausdrücke und Wendungen bewusst in wörtlicher Bedeutung missversteht und so sein Gegenüber überlistet; eine Bearbeitung der Materialien im Zusammenhang mit anderen Geschichten oder anderen literarischen Texten, in denen es inhaltlich um ein ähnliches Problem geht, ist jedoch genauso gut möglich. Die Bearbeitung der Materialien zum Themenbereich „Überschriften" empfiehlt sich zum Beispiel vor allem im Zusammenhang mit dem Verfassen von Zeitungsberichten, es ist jedoch genauso gut möglich, diese Materialien im Zusammenhang mit dem Einüben von Inhaltszusammenfassungen von Sachtexten oder auch literarischen Texten einzusetzen, um hier einige Anregungen zu geben. Außerdem ist es grundsätzlich auch möglich, alle Materialien bei Bedarf auch alleinstehend im Rahmen einer kurzen Unterrichtseinheit zu behandeln.

Bei einigen Themen gibt es nur vom Schwierigkeitsgrad und Thema her eine Begrenzung, da einige Themen vom Schwierigkeitsgrad her höher sind und deshalb auch thematisch in den Lehrplänen der höheren Klassenstufen angesiedelt sind. Um der Lehrkraft hier die Zuordnung zu erleichtern, wurden alle Themen, die erst ab Klasse 8 geeignet sind, mit einem Sternchen markiert, und diejenigen Themen, die erst ab Klasse 9 geeignet sind, mit zwei Sternchen gekennzeichnet. Was die Lehrkraft vom Schwierigkeitsgrad her, in ihrer Klasse einsetzen kann, sollte sie jedoch selbst entscheiden, die Sternchen können nur eine grobe Orientierung anbieten.

Genauso sollte die Lehrkraft auch von den Themen her stets selbst im Hinblick auf ihre Klasse oder einzelne Lernenden entscheiden, was für diese angemessen ist. So werden zum Beispiel die Materialien zu dem Auffinden des passenden Artikels und zu regelmäßigen und unregelmäßigen Verben für Lerngruppen mit einem hohen Anteil von Lernenden oder für einzelne Lernende mit Deutsch als Zweitsprache besonders geeignet sein, während die Materialien für in Deutsch sehr leistungsstarke Klassen und Lernende eher weniger herausfordernd sein dürften.

Um zu gewährleisten, dass bei der Bearbeitung der Materialien in einer Lerngruppe alle Lernenden zu einem Lernerfolg geführt werden können, werden zu einigen Aufgaben Hilfekarten mit Lösungshilfen für leistungsschwächere Lernende angeboten. Diese Hilfekarten befinden sich im Anhang. Die Lehrkraft muss sie nur vor der Stunde kopieren und kann sie dann als Hilfestellung am Pult auslegen, wo sich die leistungsschwächere Lernende die Karten dann bei Bedarf holen können. Auf diese Weise wird Binnendifferenzierung ganz leicht gemacht.

In leistungsstärkeren Lerngruppen können die Materialien auch in Freiarbeit bearbeitet werden. Lösungen zur Selbstkontrolle befinden sich ebenfalls im Anhang.

Die Materialien können in allen Schulformen der Sekundarstufe I sowie in diesem Bereich in der Berufsschule eingesetzt werden. Der Einsatz in außerschulischen Bildungsformen ist sicher auch möglich.

AB 1

Substantive, die nur im Singular vorkommen

1) Ordne die Pluralformen aus dem Kasten den passenden Singularformen zu.

| Knöpfe – Wälder – Kinder – Brillen |

a) der Wald – die _____   e) die Ruhe – die _____

b) die Milch – die _____   f) das Kind – die _____

c) die Brille – die _____   g) der Schnee – die _____

d) den Kopf – die _____   h) das Obst – die _____

2) Beschreibe, was dir bei einem Teil der Substantive aus Aufgabe 1 auffällt.

_____

3) Ergänze das fehlende Wort und den fehlenden Wortteil.

Im Deutschen gibt es Substantive, die nur im _____ (der ____zahl) vorkommen. Bei diesen Substantiven handelt es sich inhaltlich um einen Teil der Wörter, jedoch nicht automatisch um alle Wörter, die eine Masse beschreiben, die sich nicht zählen lässt. Deshalb sollte man bei solchen Wörtern bei der Pluralbildung aufpassen.

4) Unterstreiche diejenigen Substantive im Kasten, die nur im Singular vorkommen. **HK 1**

| Holz Mut Lampe Schule Regen Spiel Sand Frau Eis Koffer Apfel Butter |
| Wärme Mütze Matte Stadt Fahne Fleisch Bus Schild Hund Schutz Ritz Hunger |
| Pfirsich Hütte Kälte Armut Vase Katze Laub Wette Gold Besen Ring Weg |
| Zucker Regal Igel Salz Wolke Schuh Mehl Schere Treue Blume Reis Auge |

5) Möchte man bei Lebensmittelbezeichnungen, die nur im Singular vorkommen, verschiedene Arten oder Teile unterscheiden, so bildet man als Ausweichmöglichkeit eine Zusammensetzung mit „Sorten, Stücke, Körner, Kristalle, Flocken, Brocken, Kugeln" oder „Klumpen" wie zum Beispiel „Pfeffersorten" oder „Pfefferkörner".
Kreise bei Aufgabe 4 alle unterstrichenen Wörter ein, die Lebensmittel bezeichnen, notiere dir diese und schreibe dazu alle existierenden Ersatzbezeichnungen für den Plural auf.

AB 2

Substantive, die nur im Plural vorkommen

1) Ordne den Pluralformen jeweils die dazu passende Singularform aus dem Kasten zu und schreibe sie mit Artikel auf.

Kalender – Tasche – Tanne – Buch

a) die Tannen von: _____   d) die Bücher von: _____

b) die Gebrüder von: _____   e) die Kalender von: _____

c) die Tasche von: _____   f) die Unkosten von: _____

2) Beschreibe, was dir bei einem Teil der Substantive aus Aufgabe 1 auffällt.

_____

3) Ergänze das fehlende Wort und den fehlenden Wortteil.

Im Deutschen gibt es Substantive, die nur im _____ (der _____zahl) vorkommen.

4) Kreuze an, welche Substantive nur in der Mehrzahl vorkommen.   **HK 2**

☐ Leute   ☐ Schirme   ☐ Ferien   ☐ Späße   ☐ Hasen   ☐ Gelder   ☐ Vögel

☐ Gewitter   ☐ Alpen   ☐ Trümmer   ☐ Laute   ☐ Kriegswirren   ☐ Spesen   ☐ Azoren

☐ Masern   ☐ Computer   ☐ Kosten   ☐ Schule   ☐ Flüsse   ☐ Kugeln   ☐ USA

☐ Säfte   ☐ Gewissensbisse   ☐ Einkünfte   ☐ Flitterwochen   ☐ Gläser   ☐ Tropen   ☐ Heime

☐ Röteln   ☐ Zöpfe   ☐ Scheunen   ☐ Gräser   ☐ Shorts   ☐ Türen   ☐ Bäume

☐ Laternen   ☐ Finanzen   ☐ Türme   ☐ Niederlande   ☐ Banken

5) Sofern man bei diesen Wörtern, die nur im Plural vorkommen, nur von einer Person, einem Teil oder einem Zeitabschnitt sprechen möchte, muss man ein anderes Wort wählen, wie zum Beispiel „Spielmann" zu „Spielleute" oder „Teil/Anteil der Kosten" zu „Kosten" oder „Sommerferientag" oder „Sommerferienwoche" zu Sommerferien. Schreibe auf, wie man das fehlende Singularwort für folgende Wörter umschreiben kann.   **HK 3**

a) Heizkosten   b) Seeleute   c) 24 Stunden der Sommerferien   d) Gebrüder

AB 3

Gleichklingende Substantive mit unterschiedlicher Schreibung und Bedeutung

1) Sprich die beiden Wörter nacheinander einmal leise aus und vergleiche die Aussprache und Schreibweise der Wörter miteinander. Notiere, was dir auffällt.

Lied   Lid

_____

_____

2) Ordne den Wörtern nun ihre Bedeutung zu und notiere, was dir beim Vergleich der Wortbedeutungen auffällt.

Augendeckel   Gesangsstück

Lied = _____   Lid = _____

_____

3) Untersuche und beschreibe hierauf, welche Funktion die Schreibweise bei diesen gleichklingenden Substantiven hat.

_____

_____

4) Ordne den unterschiedlichen Bedeutungen für gleichklingende Wörter jeweils das entsprechende Wort in der richtigen Schreibweise zu. Schlage im Wörterbuch nach, wenn du unsicher bist. **HK 4**

a) Mine/Miene b) Stil/Stiel c) Weise/Waise d) Seite/Saite e) Leib/Laib f) Leere/Lehre

a) Gesichtsausdruck: _____   Inneres eines Schreib- oder Malstiftes: _____

b) bestimmte Ausdrucksweise von etwas, z. B. einer Zeitepoche/Sportart/Lebensweise: _____

   Stängel einer Blume/Griff eines Besens: _____

c) Kind, das Elternteil oder Eltern verloren hat: _____   Art: _____

d) Bespannung von Musikinstrumenten, die aus Metall/Kunststoff/Tierhaut besteht: _____

   Einzelnes Blatt in einem Buch oder Dokument: _____

e) runde feste geformte Masse von Käse oder Brot: _____   Körperteil/Bauch: _____

f) Berufsausbildung, Wissensauffassung an der Universität: _____

   Unausgefülltsein, Öde, Verlassenheit: _____

AB 4

Substantive, bei denen die Gliederung bei der Aussprache die Bedeutung anzeigt

1) Sprich das Wort „Druckerzeugnis" jeweils leise in der ersten und zweiten durch den Bindestrich vorgegebenen Gliederungsweise aus und notiere dir die Bedeutung des Wortes.

a) Druck-erzeugnis: _____

b) Drucker-zeugnis: _____

2) Schreibe auf, was dir dabei im Hinblick auf die Gliederung bei der Aussprache und Wortbedeutung auffällt.

_____

_____

3) Ergänze den folgenden Merksatz, indem du den Silbensalat in der Klammer in die richtige Reihenfolge bringst.

Im Deutschen gibt es eine geringe Anzahl von Wörtern, die gleich geschrieben werden, aber unterschiedlich ausgesprochen werden, wobei die unterschiedliche Aussprache

_____ (schei – deu -- ter – be – tungs – den – un – de) Funktion hat.

4) Notiere jeweils mit Bindestrich, wie gegliedert du die vorgegebenen Wörter in den angegebenen Bedeutungen aussprechen musst.

a) Beinhaltung: _____ (--) _____
                   mit eingeschlossen sein   Stellung der Beine

b) Wachstube: _____ (--) _____
                 Raum am Polizeirevier   Tube mit Wachs

5) Lies dir die Wörter durch und notiere dir die beiden möglichen Aussprachemöglichkeiten mit Bindestrich sowie in der Zeile darunter jeweils die Bedeutung der Wörter. **HK 5**

a) Staubbecken: _____ (--) _____

_____ (--) _____

b) Versendung: _____ (--) _____

_____ (--) _____

c) Streikende: _____ (--) _____

_____ (--) _____

AB 5

Substantivzusammensetzungen 1

1) Erkläre, was mit folgenden Substantivzusammensetzungen gemeint ist, indem du sie zerlegst.

a) Kinderbett: _____ f) Esstisch: _____

b) Kinderstuhl: _____ g) Gartenstuhl: _____

c) Kinderlachen: _____ h) Motorboot: _____

d) Plastikblume: _____ i) Sauerkirsche: _____

2) Schreibe nun auf, was mit den folgenden Wörtern gemeint ist, die aus drei Substantiven zusammengesetzt sind.

a) Holzfassboden: _____

_____

b) Kindergartenstuhl: _____

_____

3) Vergleicht eure Ergebnisse im Klassenverband und benennt, was euch bei dem zweiten Wort „Kindergartenstuhl" auffällt.

_____

4) Schreibe den als Silbensalat dargebotenen Merksatz richtig auf.

Sub stan ti ve, die aus drei o der mehr Sub stan ti ven zu sam men ge setzt sind, kön nen in
Ein zel fäl len zwei mög li che Les ar ten ha ben. Um hier Miss ver ständ nis se zu
ver mei den, soll te man hier im mer ü ber prüf en, ob ein sol ches Sub stan tiv ei ne
ein deu ti ge Les art hat, und wenn dies nicht der Fall ist, ei ne pas sen de
Um schrei bung wäh len.

_____
_____
_____
_____
_____
_____

AB 6

Substantivzusammensetzungen 2

5) Überprüfe bei den Substantivzusammensetzungen, ob diese eindeutig zu verstehen sind oder nicht, und kreuze diejenigen Substantivzusammensetzungen an, die nicht eindeutig verstehbar sind und zwei mögliche Lesarten zulassen.

☐ Kinderhaarbürste ☐ Holzhaustür ☐ Holzhasenstall

☐ Kindergartenmöbel ☐ Metallfenstergriff ☐ Porzellankatzennapf

6) Schreibe nun die angekreuzten Wörter aus Aufgabe 5 jeweils in eine neue Zeile untereinander, setze jeweils einen Doppelpunkt hinter die Wörter und notiere dann in Umschreibungsform die beiden möglichen Bedeutungen der Wörter. HK 6

_____

_____

_____

_____

7) Kreuze an, welche der folgenden Zusammensetzungen aus zwei Substantiven komisch klingt und falsch erklärt ist, und schreibe bei dieser die richtige Worterklärung dahinter.

☐ a) Schweinschnitzel: gebratene Scheibe Fleisch vom Schwein _____

☐ b) Kalbsschnitzel: gebratene Scheibe Fleisch vom Kalb _____

☐ c) Putenschnitzel: gebratene Scheibe Fleisch von einer Pute _____

☐ d) Kinderschnitzel: gebratene Scheibe Fleisch vom Kind _____

8) Kreise ein, welche Substantivzusammensetzungen man ebenfalls vermeiden sollte, und notiere diese untereinander mit einer geeigneten Umschreibungsform.

Kinderwurst   Babybrei   Seniorenschnitzel   Kinderschokolade
Katzenfutter   Kinderdöner   Rindsgehacktes   Hundefleisch

_____

_____

_____

_____

AB 7

Substantive und der passende Artikel 1

1) Ergänze bei den Substantiven den richtigen bestimmten Artikel „der", „die" oder „das", ohne jemanden zu fragen oder ein Wörterbuch zu benutzen. Notiere das Ergebnis mit Bleistift.

_____ Monokel   _____ Gesinde   _____ Pedell

2) Überprüfe nun, ob die folgenden ähnlichen Wörter dir beim Finden des richtigen Artikels helfen können, indem du die fehlenden bestimmten Artikel ergänzt und bei den ähnlichen Wörtern überprüfst, ob sie denselben Artikel haben.

_____ Schenkel   _____ Linde   _____ Gebell

_____ Schaukel   _____ Blinde   _____ Mamsell*

_____ Spektakel   _____ Gebinde   _____ Gesell

(*Mamsell = unverheiratete Frau, Hausgehilfin)

3) Kreuze das zutreffende Ergebnis aus Aufgabe 3 an

☐ Ja, man kann den Artikel von Wörtern mit Hilfe von ähnlichen Wörtern ermitteln, da Wörter mit der gleichen Buchstabenfolge am Ende immer denselben Artikel haben.

☐ Nein, man kann den Artikel von Wörtern leider nicht mit der Hilfe von ähnlichen Wörtern ermitteln, da Wörter mit der gleichen Buchstabenfolge am Wortende verschiedene Artikel haben können.

4) Kreise ein, was man also immer machen sollte, wenn man den Artikel von Wörtern nicht kennt.

ähnliche Wörter suchen   im Wörterbuch nachschlagen

5) Überprüfe deine Ergebnisse aus Aufgabe 1, indem du die spiegelverkehrt notierten Artikel aus der Klammer richtig herum aufschreibst und mit deiner oben gefundenen Lösung vergleichst. Korrigiere dein Ergebnis gegebenenfalls.

_____ (sad) Monokel (= Augenglas für ein Auge)

_____ (sad) Gesinde (= alle Knechte und Mägde am Hof)

_____ (red) Pedell (= Schulhausmeister)

AB 8

Substantive und der passende Artikel 2

6) Auch wenn die Ähnlichkeit von Wörtern einem in den meisten Fällen beim Auffinden des richtigen Artikels nicht weiter hilft, so gibt es im Deutschen doch ein paar wenige Wortendungen, die einem Auskunft über den erforderlichen Artikel geben. Lies dir die Wörter durch und markiere dir die Wortendungen „-ung", „-heit", „-keit", „-schaft", „-ei", „-tät", „-tion", „-ine", „-ur", „-chen", „-lein", „-ismus" und „-ich".

der Terrorismus – das Kätzchen – die Zeitung – die Freiheit – die Heiterkeit – die Gemeinschaft – die Bäckerei – das Männlein – die Universität – die Sensation – der Teppich – die Violine – die Natur – die Meinung – der Egoismus – die Krankheit – die Freundlichkeit – das Näpfchen – die Gesellschaft – die Sauerei – die Qualität – die Information – der Wüterich – die Mandarine – die Zensur

7) Untersuche nun, bei welchen Endungen man auf welchen Artikel schließen kann, und halte das Ergebnis fest, indem du diese Endungen bei der entsprechenden Regel einträgst. **HK 7**

--) Substantive mit den Endungen „_____", „_____", „_____", „_____", „_____", „_____", „_____", „_____" und „_____" haben immer den weiblichen Artikel „die".

--) Substantive mit den Endungen „_____" und „_____" haben immer den männlichen Artikel „der".

--) Substantive mit den Endungen „_____" und „_____" haben immer den sächlichen Artikel „das".

8) Ergänze bei den Substantiven den fehlenden Artikel, ohne im Wörterbuch nachzuschlagen.

a) _____ Meisterschaft f) _____ Neuheit k) _____ Rettich
b) _____ Brötchen g) _____ Kommunismus l) _____ Lawine
c) _____ Bücherei h) _____ Versetzung m) _____ Feigheit
d) _____ Kultur i) _____ Blümlein n) _____ Wohnung
e) _____ Identifikation j) _____ Nationalität o) _____ Freundschaft

AB 9

Zusammengesetzte Substantive und der richtige Artikel

1) Ergänze beim ersten Beispiel die fehlenden Artikel bei dem zusammengesetzten Substantiv und den einzelnen Substantiven und zerlege die übrigen Substantive so wie bei dem Beispiel und ergänze die zugehörigen Artikel und unterstreiche sie.

   a) Haustür: _____ Haus + _____ Tür = _____ Haustür

   b) Zahnrad: _____

   c) Bahnhof: _____

   d) Autoreifen: _____

   e) Hinweistafel: _____

   f) Holzkiste: _____

2) Untersuche anhand der Beispiele aus Aufgabe 1, welches der beiden Zusammensetzungswörter jeweils mit seinem Artikel den Ausschlag für den Artikel des zusammengesetzten Wortes gibt, und kreuze das zutreffende Ergebnis an.

   ☐ das erste Zusammensetzungswort   ☐ das zweite Zusammensetzungswort

3) Zerlege diese Wörter in ihre Bestandteile wie bei Aufgabe 1 und ergänze die Artikel.

   a) Haustürschlüssel: _____

   b) Haustürschlüsseltasche: _____

4) Untersuche nun bei den Beispielen mit mehr als zwei Zusammensetzungswörtern, welches Zusammensetzungswort hier den Ausschlag für den Artikel des zusammengesetzten Wortes gibt, und notiere das Ergebnis hier.

   _____
   _____

5) Ergänze den richtigen Artikel bei den zusammengesetzten Wörtern.   **HK 8**

   a) _____ Spielwarenherstellerverband   e) _____ Sofakissenknopfleiste

   b) _____ Treppenhausfußbodenputzmittel   f) _____ Eisenbahnschaffneruniform

   c) _____ Kinderwagenradkappe   g) _____ Reisekofferschlossschlüssel

   d) _____ Turmuhrzeigerfarbe   h) _____ Autositzbezugstoff

AB 10

Substantive mit zwei Artikeln unterschiedlichen Geschlechts und einer Bedeutung 1

1) Bei den beiden Sätzen, die jeweils mit Artikeln unterschiedlichen Geschlechts dargeboten werden, hat jemand bereits zutreffend angekreuzt, welche Sätze einen grammatisch korrekten Artikel aufweisen. Lies dir die Sätze durch und beschreibe, was dir beim Vergleich der möglichen Artikelverwendung bei den Substantiven „Schrank" und „Spind" auffällt.

a) [x] Der Schrank ist leer.   b) [x] Der Spind ist leer.

☐ Die Schrank ist leer.   ☐ Die Spind ist leer.

☐ Das Schrank ist leer.   [x] Das Spind ist leer.

_____

_____

_____

2) Lies dir nun die folgenden Satzpaare durch und kreuze an, zwischen welchen beiden Artikeln der Artikel bei Substantiven schwanken kann.

a) Der Kaugummi schmeckt gut.

Das Kaugummi schmeckt gut.

b) Die Fussel ist heruntergefallen.

Der Fussel ist heruntergefallen.

c) Die Cola schmeckt lecker.

Das Cola schmeckt lecker.

☐ die/das   ☐ der/das   ☐ die/der

3) Ergänze bei dem Informationstext die Wörter aus dem Kasten an die richtige Stelle.

Wörterbuch – Fremdwörter – zulässig – Nahrungsmittel – zwei

Im Deutschen gibt es nur einen geringen Teil von Substantiven, die ein schwankendes Genus (Geschlecht) haben und deshalb mit _____ Artikeln stehen können. Oft handelt es sich bei diesen Substantiven um _____ oder Bezeichnungen für _____ oder andere spezielle Dinge. Da jedoch nicht alle Fremdwörter, Nahrungsmittel oder Bezeichnungen für spezielle Dinge automatisch mit zwei Artikeln stehen können, sollte man im Zweifelsfall immer im _____ nachsehen, welche oder welcher Artikel für ein solches Substantiv _____ sind oder ist.

AB 11

Substantive mit zwei Artikeln unterschiedlichen Geschlechts und einer Bedeutung 2

4) Finde heraus, welche Substantive sowohl mit dem Artikel „der" als auch dem Artikel „das" stehen können, indem du die in Klammern als Buchstabensalat dargebotenen Buchstaben in die richtige Reihenfolge bringst, und notiere die Substantive auf die dafür vorgesehene Linie. **HK 9**

a) der/das _____ (r y C u r)   g) der/das _____ (b o B o n n)

b) der/das _____ (n i p S c h s e l)   h) der/das _____ (p i o n L a m)

c) der/das _____ (t e r o t D)   i) der/das _____ (a s s L o)

d) der/das _____ (a k S k o)   j) der/das _____ (o B g l)

e) der/das _____ (l e e G e)   k) der/das _____ (d e s t P o)

f) der/das _____ (p o r C a r t)   l) der/das _____ (t v e n E)

5) Ermittle mit Hilfe eines Wörterbuches, mit welchen beiden Artikeln die folgenden Substantive stehen können, und schreibe die möglichen Artikel mit Schrägstrich dazwischen auf. **HK 10**

a) _____ E-Mail   e) _____ Ketchup

b) _____ Mus   f) _____ Soda

c) _____ Salbei   g) _____ Biotop

d) _____ Virus   h) _____ Laptop

6) Überlege mit welchen Artikeln die Substantive in den Sätzen stehen können und streiche diejenigen Artikel durch, die fehlerhaft sind. **HK 11**

a) Der/Die/Das Podest war einen halben Meter hoch.

b) Der/Die/Das Virus soll hoch ansteckend sein.

c) Der/Die/Das Senf ist sehr scharf.

d) Der/Die/Das Fussel ist dorthin gefallen.

e) Der/Die/Das Pflaumenmus ist selbstgemacht.

f) Der/Die/Das E-Mail lässt sich nicht öffnen.

g) Der/Die/Das Bonbon schmeckt gut.

h) Der/Die/Das Sakko muss noch gebügelt werden.

AB 12

Substantive, bei denen der Artikel die Bedeutung anzeigt 1

1) Erkläre, was mit den beiden Wörtern gemeint ist.

a) die Kiefer: _____

   der Kiefer: _____

2) Vergleiche die Bedeutungen der beiden Wörter und schreibe auf, was dir auffällt.

_____

3) Sieh dir die Artikel des Wortes „Kiefer" an und beschreibe, was dir auffällt und was die Besonderheit des Substantives „Kiefer" ist.

_____

_____

4) Erläutere nun, welche Funktion der Artikel bei diesem Substantiv hat.

_____

_____

5) Sieh dir die Bildpaare an und überlege, welches Substantiv, bei dem der Artikel die Bedeutung anzeigt, jeweils gesucht ist, und notiere die gesuchten Substantive mit dem richtigen Artikel unter den Bildern.

a)   b)

_____ _____   _____ _____

AB 13

Substantive, bei denen der Artikel die Bedeutung anzeigt 2

6) Ergänze entsprechend der vorgegebenen Bedeutung in Klammern die fehlenden Artikel bei den Substantivpaaren. Benutze ein Wörterbuch, wenn du unsicher bist.

a) _____ Bauer (Landwirt) (--) _____ Bauer (Vogelkäfig)

b) _____ Bord (Schiffsrand) (--) _____ Bord (Regalbrett)

c) _____ Erbe (jemand, der erbt) (--) _____ Erbe (Hinterlassenschaft)

d) _____ Flur (Korridor) (--) _____ Flur (Landschaft)

e) _____ Gehalt (Lohn) (--) _____ Gehalt (Wert)

f) _____ Heide (Landschaftsform) (--) _____ Heide (Ungläubiger)

g) _____ Kunde (Käufer) (--) _____ Kunde (Nachricht)

h) _____ Laster (Lastkraftwagen) (--) _____ Laster (schlechtes Verhalten)

i) _____ Mark (Grenzland) (--) _____ Mark (Inneres einer Frucht, des Knochens)

j) _____ Mast (Intensivfütterung) (--) _____ Mast (Pfahl)

k) _____ Steuer (Abgabe) (--) _____ Steuer (Lenkvorrichtung)

l) _____ Tor (große Tür) (--) _____ Tor (einfältiger, dummer Mensch)

m) _____ Verdienst (Lohn) (--) _____ Verdienst (Leistung)

7) Überlege, welche gleichlautenden Substantive, die mit zwei unterschiedlichen Artikeln stehen können, bei den Artikelpaaren gesucht sind, und schreibe die Substantive mit Artikel auf. **HK 12**

a) Meer: _____   d) Seil: _____

   Stehendes Binnengewässer: _____   Niederschlag: _____

b) männliches Kind: _____   e) Steighilfe: _____

   junges Tier: _____   Vorsteher: _____

c) Schnur: _____   f) Fehler: _____

   Buch: _____   Bügelmaschine: _____

AB 14

Substantive und Verben, bei denen die Betonung die Bedeutung anzeigt

1) Sprich das Wort „umfahren" einmal leise mit betontem „u" aus und einmal mit betontem „a" aus, wie durch die Unterstreichung angegeben, und notiere die Bedeutung der beiden Verben.

a) umfahren: _____

b) umfahren: _____

2) Schreibe auf, was dir dabei im Hinblick auf die Betonung und Bedeutung des Verbs auffällt.

_____

3) Notiere folgenden Merksatz in der richtigen Reihenfolge.

wobei die Betonung eine bedeutungsunterscheidende Funktion hat. - unterschiedlich betont werden, - die, - obwohl sie gleich geschrieben werden, - Im Deutschen gibt es Wörter, -

_____

_____

4) Notiere dir beim Wort „Heroin" durch das Unterstreichen des entsprechenden Buchstabens, bei welcher Bedeutung du das „i" und bei welcher das „o" betonen musst.

Heroin (Rauschgift)   (--)   Heroin (Heldin)

5) Verdeutliche bei den Verben durch das Unterstreichen des betont ausgesprochenen Buchstabens, welche beiden Betonungsmöglichkeiten es jeweils gibt, und notiere die entsprechende Bedeutung der Wörter dazu. **HK 13**

a) übersetzen: _____

übersetzen: _____

b) umstellen: _____

umstellen: _____

c) wiederholen: _____

wiederholen: _____

d) umfliegen: _____

umfliegen: _____

AB 15

Regelmäßige und unregelmäßige Verbformen 1

1) Ergänze die folgenden Verbformen für die Verben „drehen" und „nehmen" in den angegebenen Zeitformen.

Infinitivform	Präsensform	Präteritumsform	Partizipform
drehen	er _____	er _____	er hat _____
nehmen	er _____	er _____	er hat _____

2) Vergleiche nun die gebildeten Formen der beiden Verben miteinander und schreibe auf, was dir auffällt.

_____
_____
_____

3) Verben bilden normalerweise die Präteritumsform mit einem eingeschobenen „t" oder „et" vor der Personalendung und die Partizip II-Form mit einem „t" am Ende. Überprüfe, ob dies bei „drehen" und „nehmen" so ist, und halte das Ergebnis durch Ankreuzen fest.

      Kriterien für normale Formenbildung

drehen   ☐ erfüllt   ☐ nicht erfüllt

nehmen   ☐ erfüllt   ☐ nicht erfüllt

4) Beschreibe nun die Unterschiede bei der Bildung der einzelnen Zeitformen für beide Verben mit Hilfe der beiden Adjektive „regelmäßig" und „unregelmäßig"

_____
_____
_____
_____
_____
_____
_____

AB 16

Regelmäßige und unregelmäßige Verbformen 2

5) Ergänze die Zeitformen zu den einzelnen Infinitiven und kreuze diejenigen Verbformen an, die unregelmäßig gebildet werden. **HK 14**

Kreuz?	Infinitiv	Präsensform	Präteritumsform	Partizip II-Form
☐	gießen	er _____	er _____	er hat _____
☐	spielen	er _____	er _____	er hat _____
☐	sehen	er _____	er _____	er hat _____
☐	niesen	er _____	er _____	er hat _____
☐	sinken	er _____	er _____	er ist _____
☐	nähen	er _____	er _____	er hat _____
☐	winken	er _____	er _____	er hat _____
☐	genießen	er _____	er _____	er hat _____
☐	arbeiten	er _____	er _____	er hat _____
☐	baden	er _____	er _____	er hat _____
☐	schwimmen	er _____	er _____	er ist _____
☐	fangen	er _____	er _____	er hat _____
☐	messen	er _____	er _____	er hat _____

6) Kontrolliert die Ergebnisse aus Aufgabe 5 und schlagt dabei zur Kontrolle die Formen für die Verben „niesen" und „winken" im Wörterbuch nach.

7) Vergleicht nun die Zeitformen des Verbes „winken" mit denen des ähnlich klingenden Verbes „sinken" und dann die Zeitformen des Verbes „genießen" mit dem ähnlich klingenden Verb „niesen" und kreuzt an, was ihr festgestellt habt.

☐ Beide Verben haben regelmäßige Stammformen. Die Orientierung an ähnlichen Verben ist also in allen Fällen hilfreich. Daher sollte man sich die Formen ähnlich klingender Verben gemeinsam aufschreiben und einprägen. Das Wörterbuch kann dabei hilfreich sein, in ihm sind die Formen nach dem Alphabet aufgelistet.

☐ Das eine Verb hat regelmäßige Stammformen und das andere nicht. Die Orientierung an ähnlichen Verben führt bei der Zeitformenbildung nicht weiter. Da es keine Erkennungshilfe dafür gibt, wie ein Verb seine Zeitformen bildet, sollte man die unregelmäßigen Verben mit ihren Formen auswendig lernen und im Zweifelsfall lieber in einer Grammatik oder einem Wörterbuch nachschlagen, ob es sich um ein regelmäßiges oder unregelmäßiges Verb handelt. Wenn es sich um ein regelmäßiges Verb handelt, sind im Wörterbuch in der Regel keine Formen angegeben, ansonsten werden die unregelmäßigen Formen aufgeführt.

AB 17

Transitive und intransitive Verben mit unterschiedlichen Formen 1

1) Lies dir die drei Satzpaare in verschiedenen Zeitformen durch und beschreibe, was dir bei den Verbformen der Verben „hängen" und „erschrecken" auffällt. **HK 15**

          „hängen"   „erschrecken"

a) Präsens:

Er hängt den Kalender an die Wand.   Das Mädchen erschreckt die Katze.

Der Kalender hängt an der Wand.   Die Katze erschrickt sich.

b) Präteritum:

Er hängte den Kalender an die Wand.   Das Mädchen erschreckte die Katze.

Der Kalender hing an der Wand.   Die Katze erschrak sich.

c) Partizip II-Form

Er hat den Kalender an die Wand gehängt. Das Mädchen hat die Katze erschreckt.

Der Kalender hat an der Wand gehangen.   Die Katze ist erschrocken.

_____

_____

_____

2) Ergänze in der Tabelle die möglichen Stammformen für das Verb „hängen" und „erschrecken". Beschreibe, was dir beim Vergleich der beiden möglichen Stammformen für ein und dasselbe Verb auffällt, inwiefern diese regelmäßig gebildet werden.

Infinitivform	Präsensform	Präteritumsform	Partizip II-Form
hängen	er	er	er hat
hängen	er	er	er hat
erschrecken	er	er	er hat
erschrecken	er	er	er ist

_____

_____

AB 18

Transitive und intransitive Verben mit verschiedenen Formen 2

3) Versuche nun bei den beiden Sätzen mit dem Verb „hängen" das Akkusativobjekt einzukreisen, das man mit „wen oder was?" erfragt, und die Sätze ins Passiv umzuformen, und beschreibe, was du feststellst.

aktiv: Er hängt den Kalender an die Wand

passiv: _____

aktiv: Der Kalender hängt an der Wand.

passiv: _____

4) Lies den Informationstext und füge mit Hilfe deiner bisherigen Erkenntnisse die Wörter aus dem Kasten in die richtige Lücke ein.

| nicht – Passiv – unterschiedliche – einprägen – intransitiven – Akkusativobjekt – ohne – regelmäßige |

Die Verben „hängen" und „erschrecken" sind besondere Verben. Denn sie können sowohl transitiv als auch intransitiv gebraucht werden und haben für diesen unterschiedlichen Gebrauch _____ Stammformen, die den unterschiedlichen Gebrauch verdeutlichen.

Dabei haben die Verben beim transitiven Gebrauch, den man daran festmachen kann, dass das Verb in diesem Fall ein _____ verlangt und ins _____ umgeformt werden kann, _____ Stammformen.

Beim _____ Gebrauch, der daran zu erkennen ist, dass das Verb _____ Akkusativobjekt steht und _____ ins Passiv umgeformt werden kann, haben die Verben dagegen unregelmäßige Stammformen.

Um hier keine Fehler zu machen, sollte man sich sowohl die unregelmäßigen als aber auch die regelmäßigen Stammformen der beiden Verben _____ .

AB 19

Transitive und intransitive Verben mit unterschiedlichen Formen 3

5) Entscheide bei den Satzpaaren, welche der angegebenen Verbformen in welchem Satz ergänzt werden muss, und notiere die Form dort.

a) erschreckt/erschrickt

Der Hund _____ mit seinem Gebell das Baby.

Das Baby _____ von dem Lärm.

b) hängte/hing

Die Jacke _____ an der Garderobe.

Sie _____ den Mantel an die Garderobe.

c) erschreckte/erschrak

Der Junge _____ heftig, als es knallte.

Der Junge _____ die Enten.

d) gehängt/gehangen

Die Gardine hat am Wohnzimmerfenster _____.

Sie hat die Gardine ans Fenster _____.

e) erschreckt/erschrocken

Sie hatten die alte Frau _____.

Sie war von dem Knall _____.

6) Ergänze bei den Sätzen das angegebene Verb in der angegebenen Zeitform und richtigen Verbform.

a) In dem Moment _____ ich zutiefst _____ (Perfekt von „erschrecken").

b) Sei leise, er _____ (Präsens von „erschrecken") sich sonst.

c) Der Turnbeutel _____ (Präteritum von „hängen") am Schultor.

d) Die Kinder _____ (Präsens von „erschrecken") ihre Mutter.

e) Ich _____ die Hose über den Stuhl _____ (Perfekt von „hängen").

f) Der Wellensittich _____ (Präteritum von „erschrecken").

g) Der Pullover _____ doch hier auf der Leine _____ (Perfekt von „hängen").

h) Sie _____ (Präteritum von „hängen") das Poster auf.

AB 20

Trennbare Partikel- und untrennbare Präfix-Verbzusammensetzungen mit Bedeutungsunterschied 1

1) Ergänze bei den Satzpaaren jeweils die grammatisch passenden Verbformen des angegebenen Verbs im Präsens.

a) umfahren

Satz 1: Achtung, er _____ gleich den Zaunpfahl _____!

Satz 2: Er _____ das Hindernis vorsichtig.

b) überziehen

Satz 1: Sie _____ sich eine Jacke _____.

Satz 2: Sie _____ ständig ihr Konto.

c) unterstellen

Satz 1: Frau Groß _____ sich während des Regens unter dem Vordach _____.

Satz 2: Frau Groß _____ Frau Klee, ihre Tageszeitung entwendet zu haben.

2) Notiere, was dir bei den beiden ergänzten Verbformen bei den einzelnen Satzpaaren jeweils auffällt.

_____

_____

3) Erläutere, in welcher Bedeutung die eingesetzten Verben bei den beiden Sätzen der Satzpaare jeweils vorkommen, indem du die Verben mit gleicher oder ähnlicher Bedeutung umschreibst.

HK 16

a) umfahren

Satz 1: _____

Satz 2: _____

b) überziehen

Satz 1: _____

Satz 2: _____

c) unterstellen

Satz 1: _____

Satz 2: _____

AB 21

Trennbare Partikel- und untrennbare Präfix-Verbzusammensetzungen mit Bedeutungsunterschied 2

4) Beschreibe nun, was dir bei den Bedeutungen der Verben bei den beiden Sätzen der Satzpaare aus Aufgabe 1 jeweils auffällt.

_____

5) Ergänze mit Hilfe der bisher erworbenen Erkenntnisse aus den Aufgaben 1 bis 4 und des folgenden Beispiels den Merksatz mit den Wörtern „ungetrennt" und „getrennt".

Beispiele:

Der Balken ragt auf der einen Seite etwas über.

    --) konkrete Bedeutung im Sinne von „eine Überlänge aufweisen"

Mit ihrem Können überragte sie alle.

    --) übertragene Bedeutung im Sinne von „besser sein"

Gebraucht man eine solche Verbzusammensetzung, deren Formen sowohl getrennt als auch ungetrennt in den Präsens- und Präteritumsformen auftreten können, im konkreten wörtlichen Sinn, so wird in der Regel die erste Silbe betont und die beiden Bestandteile der zusammengesetzten Verbform werden in den Präsens- und Präteritumsformen _____ , während die beiden Bestandteile beim Gebrauch im übertragenen Sinn in den Präsens- und Präteritumsformen _____ bleiben und die zweite Wortsilbe betont wird.

6) Entscheide bei den Sätzen, ob das in Klammern angegebene Verb die konkrete oder übertragene Bedeutung aufweisen muss, und ergänze es in der entsprechenden grammatisch passenden Präsensform. Kennzeichne überflüssige Lücken mit einem Strich.

a) Fritzchen _____ (wiederholen) gerade die 8. Klasse _____ .

b) Der Fährmann _____ (übersetzen) die Leute mit der Fähre _____ .

c) Mein Opa _____ (unterziehen) sich gerade einer Zahnoperation _____ .

d) Achtung, das Fass _____ (überlaufen) gleich _____ !

e) Er _____ (umgehen) gerne jegliche Anstrengungen _____ .

f) Die Handwerker _____ (umstellen) die Möbel _____ .

g) Er _____ (übersetzen) den Text von Lateinischen ins Deutsche _____ .

h) Der Pilot _____ (umfliegen) die Gewitterfront _____ .

i) Der Junge _____ (wiederholen) den Ball _____ .

j) In Afrika _____ (umgehen) der Tod _____ .

k) Die Jugendliche _____ (durchlaufen) gerade eine schwierige Phase _____ .

m) Das Buch _____ (übergehen) in dein Eigentum _____ .

AB 22

Steigerbare und nicht steigerbare Adjektive 1

1) Versuche, die beiden Adjektive zu steigern und ihre beiden Steigerungsformen zu notieren, und überprüfe dann, ob die gefundenen Steigerungsformen einen Sinn haben oder keinen Sinn haben, weil vom Sinn her keine Steigerung möglich ist. Halte dein Ergebnis dann durch Ankreuzen fest.

warm - _____ - _____

tot - _____ - _____

warm ☐ Steigerung vom Sinn her möglich ☐ Steigerung vom Sinn her nicht möglich

tot ☐ Steigerung vom Sinn her möglich ☐ Steigerung vom Sinn her nicht möglich

2) Kreuze an, warum das eine Adjektiv vom Sinn her nicht steigerbar ist.
   ☐ die Bedeutung des Adjektivs wird dann ins Gegenteil verkehrt
   ☐ das Adjektiv bezeichnet in der Grundform bereits einen endgültigen Zustand.

3) Überprüfe bei den Adjektiven, ob eine Steigerung vom Sinn her sinnvoll ist oder nicht, und unterstreiche diejenigen Adjektive, die bereits einen endgültigen Zustand bezeichnen und deshalb nicht mehr steigerbar sind.

schief	rot	ganz	traurig	stumm	ideal	hübsch	leblos
klein	einzig	schmal	total	dreieckig	sauber	rund	halb
blind	schön	nackt	nass	endgültig	golden	süß	einzigartig
böse	maximal	ledig	hölzern	neidisch	ehemalig	kein	lang
extrem	vollendet	kurz	weiß	optimal	absolut	kühl	viereckig
fleißig	ideal	zweifach	laut	dreckig	mündlich	minimal	hoch

4) Ergänze bei den Adjektiven in der höchsten Steigerungsstufe die korrekte Endung.
   a) Das ist das ideal_____ Fahrrad für dich.
   b) Dies kann in kein_____ Weise stimmen.
   c) Sie fuhr mit maximal_____ Tempo.
   d) Die Preise sind der nackt_____ Wahnsinn.
   e) Im Erdgeschoss finden Sie eine große Auswahl golden_____ Ringe.
   f) Sie ist das einzig_____ Mädchen in der Fußball-AG.

AB 23

Steigerbare und nicht steigerbare Adjektive 2

5) Prüfe, ob die in Klammern notierten Adjektive steigerbar sind oder nicht, und ergänze die Adjektive in der korrekten Höchstform.

a) Sie aßen im _____ (teuer) Restaurant der Stadt.

b) Das ist die _____ (optimal) Wohnung für dich.

c) Diese Handschuhe sind auch für _____ (extrem) Kälte geeignet.

d) Er fuhr ins _____ (hoch) Stockwerk.

e) Dies ist der _____ (endgültig) Preis.

f) Das war der _____ (absolut) Horror für sie.

6) Kreuze an, in welchen Sätzen Adjektive falsch gesteigert sind und schreibe die betroffenen Sätze verbessert auf. **HK 17**

☐ a) Das ist der idealste Beruf für dich.

☐ b) Er ist der jüngste in der Klasse.

☐ c) Das entspricht in keinster Weise den Erwartungen.

☐ d) Er war der einzigste Junge in der Gruppe.

☐ e) Dies ist die neuste Erfindung.

☐ f) Sie betrieb nur den minimalsten Aufwand.

_____

_____

_____

_____

_____

_____

AB 24

Steigerung von zusammengesetzten Adjektiven

1) Sieh dir die richtige und falsche Steigerungsform des zusammengesetzten Adjektivs an und überprüfe, welche der angebotenen Regeln für die Steigerung von zusammengesetzten Adjektiven gilt und unterstreiche diese Regel.

richtig: auf schnellstmögliche Weise

falsch: auf schnellstmöglichste Weise

a) Zusammengesetzte Adjektive müssen immer auch doppelt gesteigert werden. Deshalb muss immer sowohl der vordere als auch der hintere Teil gesteigert werden, damit beide Teile gesteigert werden.

b) Zusammengesetzte Adjektive können nicht doppelt gesteigert werden. Deshalb darf hier nur ein Teil der Zusammensetzung gesteigert werden, und zwar in der Regel der vordere Teil.

2) Entscheide, wie die zusammengesetzte Steigerungsform richtig lauten muss, und trage diese Form in die Lücke ein. **HK 18**

a) Dies ist die _____ (nächstliegende/nächstliegendste) Apotheke.

b) Sie kam auf die _____ (schnellstmögliche/schnellstmöglichste) Weise.

c) Das ist das _____ (meistverkaufte/meistverkaufteste) Gerät.

d) Er zeigte _____ (größtmöglichen/größtmöglichsten) Einsatz.

3) Überlege, wie die korrekte zusammengesetzte Steigerungsform aus den beiden in Klammern notierten Adjektiven lauten muss, und schreibe die Steigerungsform auf.

a) Das ist die _____ (meist + gelesen) Zeitung.

b) Das ist das _____ (best + bewährt) Produkt.

c) Er fuhr an der _____ (nächst + gelegen) Abfahrt ab.

d) Dies stellt die _____ (best + möglich) Lösung dar.

AB 25

Bildung von Farbadjektiven

1) Unterstreiche die Adjektive in den Wortgruppen und schreibe auf, um welche Art von Adjektive es sich dabei handelt.

   a) die blauen Hosen b) die blauen Blusen c) die blauen Hemden
   d) die türkisfarbenen Hosen e) die türkisfarbenen Blusen f) die türkisfarbenen Hemden

   _____

2) Vergleiche die unterstrichenen Adjektivformen von „blau" und „türkis" und notiere, was dir auffällt.

   _____

   _____

3) Ermittle, bei welchen Adjektiven du in den flektierten Formen ebenfalls „farben" oder „farbig" einfügen musst, weil diese Adjektive aus anderen Sprachen stammen, indem du herausfindest, welche Adjektive sich in den Buchstabensalaten verbergen. **HK 19**

   a) o r s a: _____ b) i l l a: _____ c) m e c r e: _____
   d) v e o l i: _____ e) e r c k o: _____ f) i n k p: _____
   g) n a c c o g: _____ h) i n u: _____

4) Lies dir die Sätze durch, und kreuze diejenigen an, die fehlerhaft gebildete Farbadjektive aufweisen.

   ☐ a) Sie trug ein pinkes T-Shirt.
   ☐ b) Er hat sich einen unifarbenen Kittel gekauft.
   ☐ c) Sie besitzt eine lilane Handyhülle.
   ☐ d) Er sucht seinen oliven Hut.
   ☐ e) Sie hat sich eine ockerfarbige Tasche gekauft.
   ☐ f) Er trägt einen cremen Gürtel.

5) Schreibe die fehlerhaften Sätze aus Aufgabe 4 verbessert auf. **HK 20**

AB 26

Wörter mit wörtlicher und übertragener Bedeutung 1

1) Lies dir die Sätze durch und erkläre in anderen Worten, was mit den unterstrichenen Wörtern beziehungsweise der unterstrichenen Wortgruppe gemeint ist. HK 21

a) Der Chef hat den Joghurt schon kaltgestellt.

kaltgestellt = _____

b) Der Chef hat seinen Mitarbeiter kaltgestellt.

kaltgestellt = _____

c) Er hatte einen Kater, der schwarz war und Felix hieß.

einen Kater haben = _____

d) Er hatte einen Kater, nachdem er gestern zu viel Alkohol getrunken hatte.

einen Kater haben = _____

2) Vergleiche nun die notierten Bedeutungen für „kaltstellen" in den ersten beiden Sätzen miteinander und dann die Bedeutung für „einen Kater haben" in den beiden letzten Sätzen miteinander und notiere, was dir auffällt.

_____

_____

_____

_____

_____

AB 27

Wörter mit wörtlicher und übertragener Bedeutung 2

3) Beschreibe jetzt die Art der Bedeutung genauer, indem du die Adjektive „wörtliche" und „übertragene" vor dem Wort Bedeutung ergänzt und die Bedeutung der Wörter oder Wortgruppen noch einmal erläuterst.

- den Joghurt kaltstellen

  kaltstellen: _____ Bedeutung im Sinne von _____

- eine Person kaltstellen

  kaltstellen: _____ Bedeutung im Sinne von _____

- einen Kater haben, der schwarz ist und Felix heißt

  einen Kater haben: _____ Bedeutung im Sinne von _____

- einen Kater haben nach dem Genuss von Alkohol

  einen Kater haben: _____ Bedeutung im Sinne von _____

4) Ergänze bei folgendem Merksatz die Wörter „wörtlichen" und „übertragenen" sowie die Worterläuterungen „in Ordnung bringen" und „mit dem Bügeleisen die Falten glätten".

In der deutschen Sprache gibt es also Wörter und Wortgruppen, die neben ihrer wörtlichen Bedeutung noch eine übertragene Bedeutung haben. Dies sollte einem beim Lesen von Texten bewusst sein.

Vom Vorliegen einer _____ Bedeutung spricht man, wenn es sich um die wirkliche Bedeutung handelt, wie zum Beispiel bei „glattbügeln" im Sinne von „_____". Vom Vorliegen einer _____ Bedeutung spricht man dagegen, wenn es sich um eine nicht wörtlich gemeinte Bedeutung handelt, wie zum Beispiel bei „glattbügeln" im Sinne von „_____".

AB 28

Wörter mit wörtlicher und übertragener Bedeutung 3

5) Lies dir die folgenden Satzpaare durch und ergänze, ob die Wörter oder Wortgruppen in wörtlicher oder übertragener Bedeutung vorkommen, und halte die entsprechende Bedeutung in den dafür vorgesehenen Lücken fest.

a) - Anna hat einen Vogel, denn sie hat ihr Handy aus dem Fenster geworfen.

   Einen Vogel haben: _____ Bedeutung im Sinne von: _____

   - Anna hat einen Vogel, der Hansi heißt.

   Einen Vogel haben: _____ Bedeutung im Sinne von _____

b) - Julia hat die Nudeln weichgekocht, so dass man die Nudeln leicht mit der Gabel zertrennen kann.

   weichkochen: _____ Bedeutung im Sinne von _____

   - Julia hat Ben weichgekocht, so dass er nun doch hilft.

   weichkochen: _____ Bedeutung im Sinne von _____

6) Entscheide bei den folgenden Sätzen, ob das hervorgehobene Wort im wörtlichen oder übertragenen Sinn gebraucht ist, und notiere für den Gebrauch im wörtlichen Sinn ein „w" auf die Linie und für den Gebrauch im übertragenen Sinn ein „ü".

a) ___ Das Lernen ist ihm schon immer schwergefallen.

b) ___ Den Draht musst du noch geradebiegen.

c) ___ Lea hat wohl eine Meise, wenn sie so einen Unsinn erzählt.

d) ___ Er hat gestern in der Schule blaugemacht.

e) ___ Die Polizei hat die gesamte Beute sichergestellt.

f) ___ Er hat einen neuen Hund, der Bello heißt.

g) ___ Wir müssen noch die Aufgabe 7 fertigmachen.

h) ___ Diesen Betrieb werden sie vermutlich als Nächstes stilllegen.

i) ___ Du solltest lieber nicht schwarzfahren.

j) ___ Lass uns die Tomaten noch kleinschneiden.

AB 29

Euphemismen 1

1) Stelle dir vor, du wärst der Bürgermeister einer Kleinstadt und müsstest die Bürger über die geplante Errichtung einer neuen Mülldeponie am nördlichen Stadtrand schriftlich unterrichten. Lies dir die zwei Formulierungsvorschläge für eine entsprechende Pressemitteilung durch und kreuze an, welchen Formulierungsvorschlag du zur Veröffentlichung auswählen würdest.

☐ Gestern hat der Magistrat die Errichtung einer neuen Müllkippe am nördlichen Stadtrand beschlossen, um auch in Zukunft sicherzustellen, dass der in der Stadt anfallende Müll an einem Ort gelagert werden kann.

☐ Gestern hat der Magistrat die Errichtung eines neuen Wertstoffhofes am nördlichen Stadtrand beschlossen, um auch in Zukunft sicherzustellen, dass die in der Stadt anfallenden Wertstoffe an einem Ort gelagert werden können.

2) Vergleiche die beiden Sätze und unterstreiche dir, welche Begriffe ausgetauscht wurden.

3) Begründe, warum du dich bei Aufgabe 1 für den ersten oder zweiten Satz entschieden hast.

_____

_____

_____

4) Ergänze bei dem Informationstext die passenden drei Wörter aus dem Kasten.

| Verschlechterungen – Übertreibungen – Beschönigungen – enthüllen – verbergen – anprangern – hoch – gering – mittelmäßig |

Euphemismen (_____) dienen dazu, Unangenehmes oder als unanständig Geltendes zu _____, indem dieses durch beschönigende Worte umschrieben wird. Außerdem dienen Euphemismen der Aufwertung von als _____ Angesehenem.

AB 30

Euphemismen 2

5) Kreuze an, welche der folgenden Formulierungen Euphemismen für „sterben" darstellen.

☐ ist heimgegangen ☐ ist abberufen worden

☐ ist sanft entschlafen ☐ ist umgekommen

☐ ist unerwartet verstorben ☐ ist friedlich eingeschlafen

6) Ordne zu, für welche Begriffe die Euphemismen aus dem Kasten Beschönigungen darstellen, indem du aus dem Kasten den entsprechenden Begriff heraussuchst und bei dem jeweiligen Euphemismus notierst.

> Verspätung – Krankenkasse – Problem – sitzenbleiben – Beitragserhöhung – Altenheim – Toilettenfrau – Grab – teuer – Perücke – Schlachtfeld – Werbung – alt werden – Toilette

a) Zweitfrisur = _____ h) Abortprinzessin = _____

b) Seniorenresidenz = _____ i) in die Jahre kommen = _____

c) Herausforderung = _____ j) Gesundheitskasse = _____

d) Beitragsanpassung = _____ k) kostenintensiv = _____

e) Kundeninformation = _____ l) Kriegsschauplatz = _____

f) Fahrzeitverlängerung = _____ m) eine Ehrenrunde drehen = _____

g) letzte Ruhestätte = _____ n) Stilles Örtchen = _____

7) Notiere, für welche Berufe diese Euphemismen Aufwertungen darstellen. **HK 22**

a) Hairstylist = _____ e) Facility-Manager = _____

b) Landwirt = _____ f) Raumpflegerin = _____

c) Pflegefachkraft = _____ g) Außendienstmitarbeiter = _____

d) Serviererin = _____ h) Raumausstatter = _____

8) Sorge dafür, dass die folgenden Sätze positiver klingen, indem du bestimmte Ausdrücke durch Euphemismen ersetzt und die Sätze anschließend verbessert ins Heft aufschreibst.

a) Unser Altersheim bietet Ihnen umfassende Betreuung.

b) Wir werden Sie demnächst über die Beitragserhöhung informieren.

c) Unser geliebter Opa ist gestern gestorben.

d) Diese Behandlung ist sehr teuer.

e) Er ist dieses Schuljahr sitzengeblieben.

f) Die Bauern sind besorgt um ihre Ernte.

AB 31

Sprachliche Bilder 1

1) Lies dir die folgenden Satzpaare durch und kreuze an, welcher Satz die Satzaussage anschaulicher beschreibt.

a) ☐ Mit diesen Worten bereitete Jana ihrem Freund unsäglich großen Kummer.
   ☐ Mit diesen Worten brach Jana ihrem Freund das Herz.

b) ☐ Der Ohrring ist so winzig, wir suchen ihn hier, ohne große Erfolgsaussichten zu haben.
   ☐ Der Ohrring ist so winzig, wir suchen ihn hier wie eine Stecknadel im Heuhaufen.

c) ☐ Er benahm sich sehr ungeschickt.
   ☐ Er benahm sich wie ein Elefant im Porzellanladen.

2) Markiere dir bei den angekreuzten Sätzen, durch welche Wörter und Wortgruppen sich diese von den nicht angekreuzten Sätzen unterscheiden, und überprüfe dann, durch welches Mittel aus dem Kasten die Sätze anschaulicher wirken, und kreise dieses Mittel ein.

Wortwiederholungen   sprachliche Bilder   Nominalisierungen

3) Ergänze nun die Lücke in dem folgenden Informationstext.

Durch den Einsatz von _____ kann man in erzählenden Texten Sachverhalte anschaulicher gestalten. Dasselbe gilt auch für Berichte mit unterhaltendem Charakter, wie Reiseberichte und auch Zeitungsberichte, sofern sie in erster Linie dazu dienen, den Leser zu unterhalten und nicht vordringlich sachlich und kurz zu informieren, wie zum Beispiel Unfallberichte.

4) Erkläre in anderen Worten, was mit den folgenden sprachlichen Bildern gemeint ist. **HK 23**

a) am Ball bleiben: _____
b) den Nagel auf den Kopf treffen: _____
c) wie ein Elefant trampeln: _____
d) sich aus dem Staub machen: _____
e) die Hände in den Schoß legen: _____
f) etwas durch die rosarote Brille sehen: _____

AB 32

Sprachliche Bilder 2

5) Ersetze die sprachlichen Wendungen durch andere Worte und schreibe die Sätze so auf.

a) Sie hat momentan ein Brett vor dem Kopf.

_____

b) Wir müssen leider den Rotstift ansetzen bei den Ausgaben für Bildung.

_____

c) Ihm stehen alle Türen offen für seine Karriere.

_____

d) Der Mann ließ endlich die Katze aus dem Sack.

_____

6) Bei der Verwendung von sprachlichen Bildern muss man unbedingt aufpassen, dass diese auch einen Sinn ergeben und frei von Widersprüchen sind und man keine Ausdrücke produziert, über die die Leser lachen, wie zum Beispiel folgender Ausdruck:

Er kam wie der Blitz hereingeschneit.

Denn ein Blitz kann nicht hereingeschneit kommen, dies kann nur eine Schneeflocke. Ein Blitz kann höchstens hereingeschossen kommen.

Erkläre bei dem folgenden sprachlichen Bild, warum dieses keinen Sinn ergibt und die Leser zum Lachen bringt: Die Natter wurde am Fundort wieder auf freien Fuß gesetzt.

_____

7) Überprüfe bei den sprachlichen Bildern in den folgenden Sätzen, ob die sprachlichen Bilder einen Sinn ergeben, und kreuze die Sätze an, bei denen dies nicht der Fall ist.

a) ☐ Er versuchte mit dem Kopf durch die Wand zu rennen.

b) ☐ Auf dem Titelblatt verbirgt sich eine faustdicke Zeitungsente.

c) ☐ Sie betrachtete die Sache im Licht der dunklen Zukunft.

d) ☐ Wie sich bei der Sache herausstellte, hatte er auf das richtige Pferd gesetzt.

e) ☐ Die Bürger legten dem Ortsvorsteher den Hundedreck im Ort warm ans Herz.

f) ☐ Sie beklagt sich, man habe ihr den Bären, der einem anderen aufgebunden worden sei, in die Schuhe geschoben.

g) ☐ Die Sache wuchs ihm über den Kopf.

h) ☐ Das ist der Gipfel der Erniedrigung.

i) ☐ Er saß mit ihm im selben Boot.

j) ☐ Ein zündendes Echo war zu hören.

AB 33

Redewendungen 1

1) Lies dir die beiden Sätze durch und erkläre auf den Linien hinter dem Pfeil jeweils, was mit dem in beiden Sätzen verwendeten Ausdruck „aufs Glatteis führen" gemeint ist. HK 24

a) Sie zogen sich die Schlittschuhe an und sie <u>führte ihn aufs Glatteis</u> am Bürgersteig.

(Gebrauch in _____ Bedeutung)

--) _____

_____

_____

b) Sie überlegte sich ein paar verfängliche Fragen und <u>führte ihn aufs Glatteis</u>.

(Gebrauch in _____ Bedeutung)

--) _____

_____

_____

2) Vergleiche die Bedeutung des Ausdrucks in beiden Sätzen und beschreibe, was dir auffällt.

_____

_____

3) Entscheide nun, in welchem der Sätze der Ausdruck in wörtlicher Bedeutung gebraucht wird und in welchem der Ausdruck in übertragener Bedeutung gebraucht wird, und halte das Ergebnis fest, indem du die beiden Lücken innerhalb der Klammern mit dem passenden Adjektiv „wörtlicher" oder „übertragener" ergänzt.

4) Ersetze hiernach bei beiden Sätzen die Wortgruppe „führte ihn aufs Glatteis" durch die gleichbedeutende Wortgruppe „führte ihn auf die glatte Eisfläche" und schreibe die Sätze so auf.

a) _____

_____

b) _____

_____

AB 34

Redewendungen 2

5) Überprüfe nun, ob man die beiden Sätze so genauso wie vorher verstehen kann, und schreibe dein Ergebnis auf.

_____

_____

_____

6) Kreuze an, in welchem Satz der Ausdruck „führte ihn aufs Glatteis" als Form der feststehenden Redewendung „jemand aufs Glatteis führen" vorkommt.

☐ Satz 1   ☐ Satz 2

7) Ergänze nun mit Hilfe deiner in den Aufgaben 1 bis 6 gewonnenen Erkenntnisse den folgenden Informationstext mit den zwei richtigen Wörtern aus dem Kasten.

| wörtliche – feststehende – übertragene – beliebig austauschbare |

Bei Redewendungen handelt es sich um _____ Ausdrücke, die eine _____ Bedeutung aufweisen. Diese muss der Leser erst entschlüsseln, um sie zu verstehen. Redewendungen kommen häufig in der Umgangssprache und in erzählenden Texten vor. Einige Redewendungen finden aber auch in der Hochsprache Verwendung. Redewendungen beinhalten zum Teil sprachliche Bilder, weshalb Redewendungen helfen, Texte anschaulicher zu gestalten. Für manche Leser bedeuten das Erkennen und die Entschlüsselung von Redewendungen jedoch eine besondere Hürde, wenn ihnen die Redewendungen und deren Bedeutung unbekannt sind. Dies sollte man bei der Verwendung von Redewendungen im Blick behalten.

8) Kreuze an, in welchen Sätzen Redewendungen enthalten sind, und unterstreiche die Redewendungen. **HK 25**

a) ☐ Er hat einen Kater, nachdem er gestern in der Kneipe war.

b) ☐ An dieser Aufgabe habe ich mir die Zähne ausgebissen.

c) ☐ Wir müssen jetzt zusehen, wie wir die Kuh vom Eis kriegen.

d) ☐ Sie hat einen Kater, der heißt Pepsi.

e) ☐ Dieser Mann hatte eine Menge am Kerbholz.

f) ☐ Er bekam Herzrasen.

AB 35

Redewendungen 3

9) Lies dir die folgenden Redewendungen aus dem Kasten durch und suche die richtige Bedeutungserklärung dazu heraus und notiere die passende Redewendung dann über dieser. Die weiterführenden Erklärungen helfen dir dabei.

> auf den Zahn fühlen – ins Schwarze treffen – mit Zitronen handeln – mit allen Wassern gewaschen sein – sich auf dem Holzweg befinden – die rote Laterne – jemandem oder einer Sache Paroli bieten – mit dem Zaunpfahl winken – im Trüben fischen

a) _____

mit seiner Vorstellung, Meinung oder ähnlichem völlig im Irrtum sein,
Holzwege waren früher schmale Waldwege, die nur zum Abtransport von Holz verwendet wurden und im Unterschied zur Landstraße zu keinem Ziel führten, so dass es zur Bezeichnung „Abweg" kam.

b) _____

unklare Zustände zu seinem eigenen Vorteil ausnutzen,
die Wendung leitet sich wahrscheinlich von der Gewohnheit der Fischer früher her, den Schlamm am Ufer aufzuwühlen, um Fische, vor allem Aale aufzuscheuchen und in ihre Netze zu treiben.

c) _____

mit einer Unternehmung Pech gehabt haben,
möglicherweise hat die Wendung etwas mit der Vorstellung zu tun, dass man beim Essen einer Zitrone wegen deren Säure das Gesicht ähnlich verzieht wie bei einem Misserfolg.

d) _____

jemanden ausforschen, überprüfen,
die Wendung geht darauf zurück, dass der Zahnarzt früher versuchte, an der Reaktion des Patienten auf das Beklopfen der Zähne zu erkennen, welches der kranke Zahn war.

e) _____

das Richtige erkennen,
mit dem Schwarzen in dieser Wendung ist eigentlich das schwarze Zentrum einer Zielscheibe gemeint.

f) _____

indirekt, aber sehr deutlich auf etwas hinweisen,
mit dem Zaunpfahl ist in dieser Wendung wohl etwas Großes gemeint, was man nicht übersehen kann.

g) _____

alle Tricks kennen, sehr gerissen sein,
diese Wendung bezog sich ursprünglich auf Seeleute, die schon mit den Wassern verschiedener Ozeane in Berührung gekommen waren und durch ihre Reisen sehr erfahren waren.

h) _____

letzter Platz in einer Reihenfolge,
dieser Ausdruck bezieht sich auf die hintere rote Beleuchtung eines Fahrzeuges, das Schlusslicht.

i) _____

jemandem oder einer Sache wirksam entgegentreten,
das Wort „Paroli" stammt aus der Sprache der Kartenspieler. Dabei bezeichnet es die Verdoppelung des Einsatzes und bedeutete ursprünglich „unter der Verdoppelung des Einsatzes mit- beziehungsweise gegenhalten".

AB 36

Redewendungen 4

10) Ordne zu, welche Redensart welche Bedeutung hat, indem du bei den Redensarten die entsprechende Bedeutung aus dem Kasten notierst.

> jemand lästig werden – sich neuen Zielen zuwenden – etwas maßlos übertreiben – seine Überheblichkeit ablegen – jemanden an der Meinungsäußerung hindern – Verluste machen – etwas aufgeben, endgültig fallenlassen – völlig überrascht sein – jemanden oder etwas bei Weitem übertreffen – plötzlich wieder in Erscheinung treten – nachlässig sein, die Disziplin vernachlässigen – gemeinsam in derselben schwierigen Lage sein – das ist unabänderlich, daran ist nicht zu rütteln – mit etwas nichts anfangen können, weil man es nicht kennt

a) aus allen Wolken fallen: _____

b) die Zügel schleifen lassen: _____

c) aus einer Mücke einen Elefanten machen: _____

d) da beißt die Maus keinen Faden ab: _____

e) jemanden einen Maulkorb verpassen: _____

f) jemanden oder etwas in den Schatten stellen: _____

g) zu neuen Ufern aufbrechen: _____

h) in den roten Zahlen sein: _____

i) für jemanden böhmische Dörfer sein: _____

j) im gleichen Boot sitzen: _____

k) auf dem hohen Ross sitzen: _____

l) aus der Versenkung wieder auftauchen: _____

m) jemanden auf den Wecker gehen: _____

n) etwas über Bord werfen: _____

AB 37

Redewendungen 5

11) Überlege, welche Redensarten auf den Bildern dargestellt sind, und schreibe die entsprechende Redewendung auf die dafür vorgesehene Linie und notiere in der Klammer darunter, was mit der jeweiligen Redewendung gemeint ist. **HK 26**

a)

_____
(_____
_____)

d)

_____
(_____
_____)

b)

_____
(_____
_____)

e)

_____
(_____
_____)

c)

_____
(_____
_____)

e)

_____
(_____
_____)

AB 38

Fremdwörter 1

1) Lies dir die Sätze durch und trage mit Bleistift ein, welches der beiden Wörter aus der Klammer inhaltlich in den Satz passt.

a) Nach der langen Wanderung mit schwerem Gepäck waren sie _____ (psychisch/physisch) erschöpft.

b) Wir wollen nächstes Jahr noch mehr von unseren Waren aus Deutschland in asiatische Länder _____ (importieren/exportieren).

c) Er hat die _____ (Marquise/Markise) am Balkon herunter gelassen, damit die Blumen dort vor der Sonne geschützt sind.

d) Sie setzten sich auf die _____ (Coach/Couch) im Wohnzimmer.

e) Der Artist führte dem Zirkuspublikum einen beeindruckenden _____ (Salto/Saldo) vor.

2) Finde bei den Buchstabensalaten heraus, welches der Wörter aus Aufgabe 1 sich jeweils in den Buchstabensalat befindet, und schreibe das betreffende Wort auf und lies dir die Bedeutungserklärung dazu durch.

a) c u C o h : _____ = Sofa

b) a h c o C : _____ = Trainer

c) l d S o a : _____ = Differenz zwischen Soll- und Habenseite beim Konto

d) o S l a t : _____ = kompletter Überschlag in der Luft

e) s i p h y h c s : _____ = körperlich

f) h c s c h i p s y : _____ = seelisch

g) k i M s e a r : _____ = Sonnenschutzrollo

h) q u i a r M s e : _____ = Bezeichnung für adlige Markgräfin in Frankreich

i) p o r i m r e n t i e : _____ = ins Land einführen

j) t i e p o r r e n e x : _____ = aus dem Land ausführen

3) Kontrolliere nun mit Hilfe der Worterklärungen in Aufgabe 2 deine Ergebnisse in Aufgabe 1 und verbessere die Ergebnisse gegebenenfalls.

AB 39

Fremdwörter 2

4) Überlege, aus welcher Sprache die zehn gefundenen Wörter aus Aufgabe 2 stammen könnten, und notiere die Wörter in die richtige Spalte der Tabelle. Die Beispielwörter in der Tabelle helfen dir bei der Zuordnung. **HK 27**

Aus dem Griechischen	Aus dem Lateinischen	Aus dem Englischen	Aus dem Französischen	Aus dem Italienischen
physikalisch	qualifizieren	Match	Expertise	Expresso

5) Notiere, um was für eine besondere Art von Wörtern es sich bei den zehn Wörtern aus den vorherigen Aufgaben handelt.

_____

6) Kreuze an, was diese Wörter auszeichnet.
- ☐ Diese Wörter werden alle großgeschrieben.
- ☐ Diese Wörter enthalten aus einer fremden Sprache Bestandteile, die in der Aussprache, der Schreibweise, der Flexion (Beugung) oder Wortbildung nicht angepasst sind.
- ☐ Diese Wörter sind alle aus zwei Substantiven zusammengesetzt.

7) Lies dir die beiden Sätze durch und beschreibe, welche Vorzüge das Wort „Spaghetti" gegenüber der im ersten Satz verwendeten Bezeichnung hat.

Wir haben lange dünne Nudeln zum Kochen mitgebracht.

Wir haben Spaghetti zum Kochen mitgebracht.

_____

_____

8) Überlege nun, ob es im Deutschen einen anderen deutschen Fachbegriff für die spezielle Nudelsorte „Spaghetti" gibt, und begründe, warum das Wort „Spaghetti" als Fremdwort vom Italienischen ins Deutsche übernommen wurde.

_____

_____

AB 40

Fremdwörter 3

9) Kreuze an, wo Fremdwörter häufig verwendet werden und in besonders großer Zahl vorkommen.

☐ Umgangssprache ☐ Kindersprache ☐ Wissenschaftssprache

10) Ersetze bei dem folgenden Satz das Fremdwort „psychisch" durch einen deutschen Begriff und schreibe den Satz so auf.

Er ist vermutlich psychisch krank, da er sich ständig unglücklich und mutlos fühlt.

_____

_____

11) Überlege nun, welchen Satz Menschen mit geringeren Sprachkenntnissen besser verstehen, und erläutere, warum die Verwendung von Fremdwörtern mitunter auch problematisch sein. Berücksichtige dabei auch deine Erfahrungen, die du beim Lösen von Aufgabe 1 gemacht hast, bei der es darum ging, ähnlich klingende Fremdwörter auseinanderzuhalten.

_____

_____

_____

_____

12) Kreuze an, was man besten machen sollte, wenn man Fremdwörter in einem Aufsatz verwendet, bei denen man davon ausgehen muss, dass sie anderen nicht unbedingt bekannt sind.

☐ das Fremdwort einfach verwenden und in einer Fußnote den Hinweis geben, dass der Leser es im Fremdwörterduden nachschlagen kann

☐ in Klammern dahinter vermerken, aus welcher Sprache das Fremdwort stammt, damit der Leser gezielt in einem Wörterbuch nachschlagen kann

☐ bei der ersten Verwendung erklären, was damit gemeint ist

AB 41

Fremdwörter 4

13) Bei Fremdwörtern verraten bestimmte Buchstaben, Buchstabenfolgen oder Wortendungen oft, aus welcher Herkunftssprache die Wörter stammen.

Ordne die Fremdwörter entsprechend ihrer Herkunft in die richtige Spalte der Tabelle auf der folgenden Seite ein.

System – Coach – Logik – Niveau – Spaghetti – Hobby – Thema – passiv – Lasagne – Friseur – Jeans – Organismus – Physik – Situation – Rhetorik – Shampoo – Pizza – Café – Mobbing – Kompliment – Pool – Theorie – Student – Toilette – Zucchini – Plateau – Reader – Rharbarber – addieren – Psychologie – Optik – Download – exportieren – Monteur – Skizze – Blamage – Capuccino – Pudding – explosiv – Phänomen – Intention – Croissant – Sozialismus – Décolleté – Stracciatella – Etage – Party – Rheuma – cool – Garage – Tableau – Addition – Strophe – Razzia – Malheur – Pädagogik – Theater – Ghetto – Pissoir – Dirigent – Hymne – studieren – Roadmovie – massiv – Pinocchio – Kommunismus – Recycling – Negligé – Headphones – Lyrik – Element – Trenchcoat – Visage – Rhetor – Trottoir – Latte macchiato – Rondeau – Tatoo – Athlet – Team – Installateur – Musik – Realismus – Operation – Hairstyling – Atmosphäre – aktiv – Paparazzo – Exposé – Reaktion – Baby – kursiv – Thron – Kritik – Hommage – Mozzarella – Beat – qualifizieren – Dynamit – Kickboard – Friteuse – Pony – permanent – Manteau – Stracchino – euphorisch – Bowling – Terrorismus – Loopingbahn – Pointe – rhetorisch – Resumé – Rowdy – diskutieren – Prosecco – Pizza funghi – Signora – Focaccia – Spaghettieis – Signore – Zucatto – Signorina – Ghettoisierung – Signorino

14) Schlage dir unbekannte Wörter im Fremdwörterbuch nach oder sieh im Internet nach und notiere dir deren Bedeutung. **HK 28**

_____
_____
_____
_____
_____
_____

AB 42

Fremdwörter 5

Herkunftssprache　　　　　Kennzeichen

aus dem Griechischen	th	ph	y	rh	ik
aus dem Italienischen	-ieren	-ismus	-iv	-ent	tion
aus dem Englischen	-y	-oo	-ing	-ea	-oa
aus dem Französischen	-age	-eur/-euse	-é	-eau	-oi
aus dem Italienischen	gh	cch	zz	cc	gn

AB 43

Fachsprache 1

1) Vergleicht die beiden Versionen eines Textauszuges miteinander und markiert euch die Wörter, die sich voneinander unterscheiden.

Mit dem Skype-Programm über das Internet telefonieren ist vor allem bei Auslandsgesprächen günstiger als das normale Telefonieren. Um mehr Informationen zu erhalten, klicken Sie bitte mit Ihrem Mauszeiger auf die kleine Schaltfläche zum Auslösen und geben dort Ihre Adresse für den elektronischen Briefkasten ein. Wir werden Ihnen dann umgehend weitere Informationen per Internet schicken und eine Anleitung, wie unser Dienst funktioniert, als Anhang beifügen, den Sie sich ganz einfach herunterladen können.

Skypen ist vor allem bei Auslandsgesprächen günstiger als das normale Telefonieren. Um mehr Informationen zu erhalten, klicken Sie bitte mit Ihrem Cursor auf den Button und geben dort Ihre E-Mail-Adresse ein. Wir werden Ihnen dann umgehend weitere Informationen mailen und eine Anleitung, wie unser Dienst funktioniert, als Attachement beifügen, das Sie sich ganz einfach downloaden können.

2) Schreibe auf, aus welchem inhaltlichen Bereich die unterstrichenen Begriffe stammen.

_____

3) Kreuze an, aus welcher Art von Sprache die Begriffe in der zweiten Textversion stammen.

  ☐ Umgangssprache ☐ Fachsprache ☐ Jugendsprache

4) Untersuche, welche der beiden Textversionen leichter zu verstehen ist, vor allem für Menschen, die sich wenig mit Computern auskennen, und kreise das Ergebnis ein.

  Textversion 1   Textversion 2

AB 44

Fachsprache 2

5) Überprüfe bei dem ersten unterstrichenem Begriff in den Textversionen, welcher weniger umständlich bei der Beschreibung ist beziehungsweise genauer und treffender ist und in diesem Fall auch kürzer ist, und kreuze das Ergebnis an.

☐ der erste Begriff in Textversion 1   ☐ der erste Begriff in Textversion 2

6) Ordne den vier Fachbegriffen die richtige Bedeutung aus dem Kasten zu und schreibe sie bei dem passenden Begriff auf.

| Datensicherung auf einem anderen Datenträger – die Ansicht der Internetseite mit dem Balken am rechten Rand nach oben oder unten bewegen – elektronisch über das Internet in Echtzeit kommunizieren – Arbeitsfläche am Computermonitor |

a) Desktop: _____

b) chatten: _____

c) Backup: _____

d) scrollen: _____

7) Sieh dir die Fachbegriffe, die etwas Spezielles bezeichnen, aus Aufgabe 6 an und überprüfe, inwieweit sie sich durch einen einzigen anderen Ausdruck wiedergeben lassen, es dafür in der deutschen Sprache ein einziges anderes Wort zur Beschreibung gibt, und schreibe dein Untersuchungsergebnis auf.

_____
_____

AB 45

Fachsprache 3

8) Erläutere nun anhand deiner Erkenntnisse aus den vorherigen Aufgaben 4 bis 7, welche Vorteile Fachbegriffe besitzen und welche Nachteile.

_____
_____
_____
_____
_____
_____

9) Finde andere gleichbedeutende Ausdrücke für die folgenden Fachbegriffe und schreibe die gefundenen Ausdrücke auf. **HK 29**

a) User: _____

b) Flatscreen: _____

c) Blog: _____

d) Account: _____

e) booten: _____

f) online: _____

10) Formuliere die Sätze so um, dass sie auch jemand versteht, der keine Ahnung von Computern hat.

a) Wir können die Dokumente auch scannen.

_____
_____

b) Wir müssen das Betriebssystem des Computers noch updaten.

_____
_____

AB 46

Behördensprache 1

1) Lies dir die folgenden Begriffe durch und schreibe auf, an welche Art von Sprache sie dich erinnern.

a) Brandortbegehung: _____

b) Fahrtrichtungsanzeiger: _____

c) Lichtzeichenanlage: _____

d) Zuzahlungsbewilligungsbescheid: _____

e) Vermögenslosigkeit: _____

f) raumübegreifendes Großgrün: _____

g) Schließzangen: _____

h) Einzelpersonenbeförderungseinheit: _____

i) Etagenbegehungshilfe: _____

j) Personenvereinzelungsanlage: _____

k) raufutterverzehrende Großvieheinheit: _____

l) Ladungsverluste: _____

m) Spontanvegetation: _____

n) Fußgängerfurt: _____

o) Versagen: _____

p) nicht lebende Einfriedung: _____

Art von Sprache, an die die Begriffe erinnern: _____

2) Erkläre nun, was die folgenden Begriffe bedeuten, indem du den Begriffen die passende Begriffserklärung aus dem Kasten zuordnest.

Blinker – Treppe – wild wachsende Pflanzen/Unkraut – Ablehnung – Armut – Kuh – Besichtigung eines Brandortes – Handschellen – Zebrastreifen/Fußgängerampel – amtliche Zusage einer Zahlung – Fahrzeug für Personen – Baum – Ampel – Gegenstände, die vom LKW fallen – Zaun – Drehkreuz zum Durchgehen
---

AB 47
Behördensprache 2

3) Lies dir die Sätze durch und kreuze an, welchen Satz du besser verstehst.
   - a) Der Gemeinderat hat einstimmig einen Beschluss über die Erneuerung der sich im Bürgerhaus befindlichen Bestuhlung gefasst.
   - b) Der Gemeinderat hat einstimmig beschlossen, die Stühle zu erneuern, die sich im Bürgerhaus befinden.

4) Schreibe auf, an welche Art von Sprache dich der Satz erinnert, den du nicht angekreuzt hast, weil du ihn schlechter verstehst.

   _____

5) Untersuche, wodurch die folgenden Formulierungen aus dem ersten Satz im zweiten Satz von Aufgabe 3 ersetzt worden sind, und notiere dies an der dafür vorgesehenen Stelle.

   hat einen Beschluss gefasst: _____
   Bestuhlung: _____
   über die Erneuerung: _____
   die sich im Bürgerhaus befindlichen: _____

6) Untersuche die Substantive in Aufgabe 5 genauer und beschreibe, welches Merkmal bei diesen mehr als einmal vorkommt und für Substantive, die in Behördentexten vorkommen, typisch ist.

   _____
   _____
   _____

AB 48

Behördensprache 3

7) Lies dir den Informationstext durch und ergänze mit Hilfe der Erkenntnisse aus Aufgabe 5 die Lücken.

In der Behördensprache wird oft der Nominalstil verwendet, bei dem Verben zu Substantiven umgeformt werden. Viele substantivierte Verben tragen dann die Endung „-ung" wie in dem Beispielsatz das Wort „_____", so dass es oft zu einer Häufung von Wörtern mit „-ung" kommt.

Außerdem werden in der Behördensprache häufig Funktionsverbgefüge verwendet, das sind feste Verbindungen aus bestimmten Verben wie „kommen, fassen" oder anderen Verben mit Substantiven, wie in dem Beispielsatz das Funktionsverbgefüge

„_____".

Darüber hinaus werden in der Behördensprache oft unnötig lange Begriffe für Substantive verwendet, wie bei dem Beispielsatz das Wort „_____" für „Stühle".

Zudem kommen im Behördendeutsch häufig Partizipien anstelle von Relativsätzen vor wie in dem Beispielsatz das Partizip „_____".

Damit solche Behördentexte besser verständlich werden, sollte man:

a) substantivierte Verben vermeiden, indem man diese durch Verben mit Infinitivkonstruktionen ersetzt, wie zum Beispiel „Erneuerung" durch „_____", oder je nach Sinn durch andere Verbkonstruktionen mit „werden" ersetzt

b) Funktionsverbgefüge durch Verben ersetzen, wie zum Beispiel „hat einen Beschluss gefasst" durch „_____"

c) kurze Substantive für unnötig lange Begriffe verwenden, wie zum Beispiel „_____" anstelle von „Bestuhlung"

d) Partizipien durch Relativsätze ersetzen, wie zum Beispiel „die sich im Bürgerhaus befindlichen" durch „_____".

AB 49

Behördensprache 4

8) Ersetze folgende Begriffe, die unnötig lang sind, durch kürzere Begriffe mit derselben Bedeutung. **HK 30**

a) Sehhilfe: _____ d) Beförderungsdokument: _____

b) Geldmittel: _____ e) Zielsetzung: _____

c) Briefsendung: _____ f) Ausweisdokument: _____

9) Schreibe auf, durch welche Verben du die folgenden Funktionsverbgefüge ersetzen kannst.

a) zum Abschluss bringen: _____ g) Mitteilung machen: _____

b) Gültigkeit besitzen: _____ h) das Versprechen geben: _____

c) in Verwahrung nehmen: _____ i) Fragen stellen: _____

d) in Rechnung stellen: _____ j) unter Beweis stellen: _____

e) in Zweifel ziehen: _____ k) in Anspruch nehmen: _____

f) einen Antrag stellen: _____ l) Unterstützung gewähren: _____

10) Ersetze bei den Sätzen die nominalisierten Verben mit der Endung „-ung" durch einfache Verben und schreibe die Sätze so auf. **HK 31**

a) Die Beantwortung dieser Frage ist nicht einfach.

b) Die Inkraftsetzung des Gesetzes soll bald erfolgen.

c) Die Berechnung der Kosten steht noch aus.

d) Über die Hinzuziehung eines Sachverständigen wird seitens der Behörde nachgedacht.

e) Die Beschlussfassung für die Bebauung des Grundstücks ist durch die Gemeinde bereits gefallen.

f) Die Nichtbeachtung dieser Vorschrift zieht eine harte Bestrafung nach sich.

AB 50

Behördensprache 5

11) Forme die Partizipien bei den folgenden Sätzen in Relativsätze um und schreibe die Satzgefüge so auf.

a) Das sich bereits im Bau befindliche Schwimmbad soll erheblich teurer werden als geplant.
_____
_____

b) Der alle zwei Wochen tagende Bauausschuss wird auf seiner nächsten Sitzung über den Antrag entscheiden.
_____
_____

c) Dieses bereits vor drei Jahren in unserer Gemeinde eingeführte Verfahren hat sich gut bewährt.
_____
_____

d) Für die drei im Haus verbliebenen Mieter müssen umgehend Ersatzwohnungen gesucht werden.
_____
_____

12) Formuliere die Sätze aus dem Behördendeutsch in leicht verständliche Sätze um.

a) Es erfolgte noch immer keine Bearbeitung des bereits vor 6 Monaten von Herrn Müller eingereichten Antrages.

b) Die Ökopartei hat einen Antrag in der Stadtverordnetenversammlung bezüglich der Senkung der Preise für Beförderungsdokumente im öffentlichen Nahverkehr gestellt.

AB 51

Jugendsprache 1

1) Lies dir die folgenden Sätze durch, und überlege, wer solche Sätze formuliert, und schreibe nach dem Pfeil auf, an was für eine Art von Sprache sie einen erinnern.

a) Hab zu dieser Zeit Basketballtraining.
_____

b) Der Rucksack gehört mir, ischwör.
_____

c) Dann Ferhats Brüder sind gekommen.
_____

d) Ich bin Sportplatz.
_____

--) _____

2) Überlege, was du an den Sätzen verändern musst, damit sie der hochdeutschen Standardsprache entsprechen, die du in Aufsätzen verwenden musst, und schreibe die Sätze so auf.

3) Vergleiche die vorgegebenen Sätze aus der Jugendsprache mit den von dir formulierten hochdeutschen Sätzen und unterstreiche dir, an welchen Stellen es Unterschiede gibt.

4) Lies dir die aufgelisteten Merkmale von Jugendsprache durch und ergänze zu jedem Merkmal den dazu passenden Beispielsatz aus Aufgabe 1.

Merkmale von Jugendsprache

- Ortsangabe ohne Artikel und Präposition

  Beispiel: _____

- Verkürzungen

  Beispiel: _____

- Gebrauch von unflektierbaren (im Satz unveränderbaren) Partikeln wie „lassma", „musstu", „ischwör", „gibs"

  Beispiel: _____

- Abweichende Wortstellungsmuster

  Beispiel: _____

AB 52

Jugendsprache 2

5) Eine Verkürzung kann in der Jugendsprache durch den Wegfall verschiedener Elemente erzielt werden:

  1) Wegfall von Verben

  2) Wegfall von Artikeln

  3) Wegfall der Flexionsendungen

  4) Wegfall der Personalpronomen

  Lies dir nun die vier Sätze durch und untersuche, in welchem Satz was weggefallen ist, und halte das Ergebnis neben dem Satz fest.

  a) Hast du Schirm? --) _____

  b) Kann da nicht Fußball spielen. --) _____

  c) Zehlendorf weit weg. --) _____

  d) Isch frag mein Mutter. --) _____

6) Kreuze an, welches Merkmal oder welche Merkmale von den angegebenen Merkmalen von Jugendsprache in den Sätzen vorkommt oder vorkommen, und unterstreiche dir die entsprechenden Stellen.

HK 32

a) Musstu Hausmeister fragen.

  ☐ Ortsangabe ohne Artikel und Präposition ☐ Verkürzungen

  ☐ Gebrauch von unflektierten Partikeln ☐ Abweichende Wortstellungsmuster

b) Wir gehen Schillerpark.

  ☐ Ortsangabe ohne Artikel und Präposition ☐ Verkürzungen

  ☐ Gebrauch von unflektierten Partikeln ☐ Abweichende Wortstellungsmuster

c) Isch such mein Schwester.

  ☐ Ortsangabe ohne Artikel und Präposition ☐ Verkürzungen

  ☐ Gebrauch von unflektierten Partikeln ☐ Abweichende Wortstellungsmuster

d) Dann Kemals Freunde sind gekommen mit Auto.

  ☐ Ortsangabe ohne Artikel und Präposition ☐ Verkürzungen

  ☐ Gebrauch von unflektierten Partikeln ☐ Abweichende Wortstellungsmuster

e) Lassma Kino gehen!

  ☐ Ortsangabe ohne Artikel und Präposition ☐ Verkürzungen

  ☐ Gebrauch von unflektierten Partikeln ☐ Abweichende Wortstellungsmuster

f) Geh Neukölln Arkaden, danach isch muss zu mein Vater.

  ☐ Ortsangabe ohne Artikel und Präposition ☐ Verkürzungen

  ☐ Gebrauch von unflektierten Partikeln ☐ Abweichende Wortstellungsmuster

© Birgit Lascho: Nachdenken über Sprache mit Gewinn, Unterrichtsmaterialien zur Reflexion über Sprache, Kopiervorlagen für die Klassenstufen 5-10, 2016.

AB 53

Jugendsprache 3

7) Analysiere, welches oder welche Merkmale von Jugendsprache in den folgenden Sätzen vorkommen, und schreibe die entsprechenden Merkmale auf. Verwende dabei folgende Abkürzungen:
Ortsangabe ohne Artikel und Präposition = Ortsang. O. Art. U. Präp.
Verkürzungen = Verkürz.
Gebrauch von unflektierten Partikeln = Gebr. v. unflekt. Part.
Abweichende Wortstellungsmuster = abw. Wortst.   **HK 33**

a) Isch geh Schule.

--) _____

b) Danach die sind U-Bahnhof gerannt.

--) _____

c) Die Jacke war teuer, Alter, ischwör.

--) _____

d) Ey, wir sollen Aula gehen!

--) _____

e) Hast du Fahrkarte?

--) _____

f) Irgendwann im Biologieunterricht isch fang an zu schlafen, ischwöre.

--) _____

8) Überlege, in welchen der in dem Kasten aufgelisteten Situationen die Verwendung von Jugendsprache erlaubt ist und in welchen nicht, und trage die angegebenen Situationen in die richtige Spalte der Tabelle ein.

| E-Mail an jugendliche Freunde – Schulaufsatz – Schreiben an Behörden – SMS an jugendliche Freunde – Gespräch mit Eltern oder Lehrern – privates Gespräch mit Jugendlichen – Disko – Unterricht |

Verwendung von Jugendsprache erlaubt	Verwendung von Jugendsprache nicht erlaubt

AB 54

Sprachwandel: Wörter und ihre gewandelte Bedeutung 1

1) Vergleiche die ursprüngliche Bedeutung des Wortes „Gehäuse" mit der heutigen Bedeutung des Wortes und notiere, was dir auffällt.

Wort	ursprüngliche Bedeutung	(--)	heutige Bedeutung
Gehäuse	Hütte, Verschlag		im Sinne von „Behältnis" gebraucht, z. B. Uhrengehäuse, Kerngehäuse

_____

_____

2) Vergleiche nun zuerst die ursprüngliche Bedeutung des Wortes „nüchtern" mit der heutigen Bedeutung des Wortes und notiere auf der unteren Linie hinter dem Pfeil, worin der Unterschied zwischen der ursprünglichen und heutigen Bedeutung des Wortes besteht. Gehe dann genauso bei dem Wort „Hochzeit" vor.

a) _____

Wort	ursprüngliche Bedeutung	(--) heutige Bedeutung
nüchtern	- nichts gegessen oder getrunken haben	- nichts gegessen oder getrunken haben - keinen Alkohol getrunken haben - kahl, langweilig, schmucklos sein - sachlich, ohne Beteiligung des Gefühls oder der Fantasie

--) _____

_____

_____

_____

b) _____

Wort	ursprüngliche Bedeutung	(--) heutige Bedeutung
Hochzeit	- Fest jeglicher Art - Herrlichkeit, Freude - Beilager von Eheleuten	- Fest bei der Heirat von Eheleuten

--) _____

_____

_____

_____

AB 55

Sprachwandel: Wörter und ihre gewandelte Bedeutung 2

3) Vergleiche hiernach die Art der Bedeutungsveränderung bei den beiden Beispielwörtern und beschreibe, was dir dabei auffällt.

_____

_____

_____

4) Ergänze die beiden Begriffe „Bedeutungserweiterung" und „Bedeutungsverengung" bei dem passenden Beispiel in Aufgabe 2.

5) Lies dir die Bedeutungsveränderungen für die Wörter in der Tabelle durch und trage in der Spalte ganz rechts ein, ob es sich jeweils um eine Bedeutungserweiterung oder eine Bedeutungsverengung handelt, indem du den entsprechenden Begriff dort notierst.

Bei einer Bedeutungserweiterung erhält das Wort weitere Bedeutungen und/oder weitet seine Bedeutung von etwas Speziellem auf Weiteres davon aus.

Bei der einer Bedeutungsverengung dagegen hat das Wort nun weniger Bedeutungen und/oder die Bedeutung des Wortes wird auf eine spezielle Bedeutung von etwas eingeengt.

Wort	ursprüngliche Bedeutung	heutige Bedeutung	Art der Bedeutungsveränderung
fertig	-zur Fahrt bereit, reisefertig	-bereit, fertig für alles Mögliche -zu Ende bringen	
toll	-dumm, töricht, übermütig	-dumm, töricht, übermütig -schlimm -begeisternd, aufregend, schön	
gerben	-fertig machen -garen	-zu Leder verarbeiten	
Wirtschaft	-Bewirtung	-Bewirtung, Bedienung von Gästen -Gaststätte -Hauswirtschaft -Gesamtheit der Einrichtungen und Vorgänge, die mit der Produktion, dem Handel und dem Konsum von Waren und Gütern im Zusammenhang stehen	
Geschirr	-alle Arten von Gefäßen -alle Arten von Geräten -alle Arten von Vorrichtungen	-Haushaltsgegenstände aus Porzellan und Steingut -Riemenzeug der Zugtiere	
Mut	-Gemüt, Stimmung -Denken, Geist -Hochmut -Hoffnung -Tapferkeit, Entschlossenheit	-Tapferkeit, Entschlossenheit	
Frau	-Herrin, Dame von Stand	-gnädige Frau -erwachsene Person weiblichen Geschlechts	
fahren	-fahren -sich fortbewegen, laufen, wandern, reiten, schwimmen -sich befinden	-fahren	

AB 56

Sprachwandel: Wörter und ihre gewandelte Bedeutung 3

6) Lies dir die vier Bespiele für eine Bedeutungsveränderung von Wörtern durch und finde heraus, bei welchen Wörtern sich die ursprüngliche Bedeutung verbessert, also aufgewertet wird, und bei welchen Wörtern sich die ursprüngliche Bedeutung verschlechtert, also abgewertet wird. Halte dein Ergebnis anschließend in der rechten Spalte fest, indem du bei den Wörtern entweder „Bedeutungsverbesserung" oder „Bedeutungsverschlechterung" notierst.

Wort	ursprüngliche Bedeutung	heutige Bedeutung	Positiver oder negativer Bedeutungswandel
Weib	-weibliche erwachsene Person -Frau niederen Standes -Ehefrau -Hausfrau	-weibliche erwachsene Person -Frau mit unangenehmer Verhaltensweise -Schimpfwort für eine Frau	
Minister	-Diener, Dienstbote	-Mitglied einer Regierung, das für bestimmten Bereich verantwortlich ist	
Dirne	-Mädchen -Magd -Dienerin	-Prostituierte	
Marschall	-Pferdeknecht	-Militärangehöriger mit hohem Rang	

7) Bei einer Bedeutungsveränderung kann sich die ursprüngliche Wortbedeutung auch zum Teil oder komplett in einen anderen inhaltlichen Bereich verlagern. Man spricht dann von einer Bedeutungsverschiebung, wie zum Beispiel bei „Schloss", das zunächst „Türverschluss, Riegel" bedeutete und später die neuere Bedeutung im Sinne von „prunkvolle Bauten des Adels" annahm. Lies dir die Beschreibungen der herkömmlichen und neueren Begriffsbedeutungen durch und finde heraus, wie die Begriffe heißen, die hier eine Bedeutungsverschiebung erfahren haben, und notiere die gesuchten Begriffe an der entsprechenden Stelle. **HK 34**

Begriff	herkömmliche Bedeutung	neuere Bedeutung
	kleines Nagetier	Gerät, um den Cursor auf dem Bildschirm zu positionieren
	Säulengang	Ausstellungsraum, Kunsthandlung
	Lager, Dachboden	Vorrichtung an elektronischen Geräten zum Aufbewahren von Daten
	Fronarbeiter, schwer arbeitender Mensch	Maschinenmensch
	fließendes Gewässer	Elektrizität
	Einwohner von Troja	schädliche Datei, die sich an andere Software anhängt und durch Mails eingeschleust wird
	Pilzbelag	weißes Pferd

AB 57

Sprachwandel: Wörter und ihre gewandelte Bedeutung 4

8) Lies dir die folgenden Informationen zur Bedeutungsveränderung der der Wörter durch und kreuze an, was hier alles vorliegt.

a) Begriff   ursprüngliche Bedeutung   heutige Bedeutung
Zug   - geschlossen ziehende Menschenmenge   - geschlossen ziehende Menschenmenge
                                                                                                - stetige Luftbewegung
                                                                                              - Eisenbahnzug

☐ Bedeutungserweiterung   ☐ Bedeutungsverengung   ☐ Bedeutungsverschiebung

☐ Bedeutungsverschlechterung   ☐ Bedeutungsverbesserung

b) Begriff   ursprüngliche Bedeutung   heutige Bedeutung
Kanzler   -Vorsteher einer Kanzlei   - Regierungschef

☐ Bedeutungserweiterung   ☐ Bedeutungsverengung   ☐ Bedeutungsverschiebung

☐ Bedeutungsverschlechterung   ☐ Bedeutungsverbesserung

c) Begriff   ursprüngliche Bedeutung   heutige Bedeutung
Mähre   - weibliches Pferd   - schlechtes Pferd

☐ Bedeutungserweiterung   ☐ Bedeutungsverengung   ☐ Bedeutungsverschiebung

☐ Bedeutungsverschlechterung   ☐ Bedeutungsverbesserung

d) Begriff   ursprüngliche Bedeutung   heutige Bedeutung
Laden   - Brett, aus Brettern Gefertigtes   - Brett, aus Brettern Gefertigtes
                                                                                                - Fensterladen
                                                                                                - an einer Verkaufsbude herabgelassenes Brett zur Warenauslage
                                                                                                - Verkaufsstand
                                                                                                - Geschäft

☐ Bedeutungserweiterung   ☐ Bedeutungsverengung   ☐ Bedeutungsverschiebung

☐ Bedeutungsverschlechterung   ☐ Bedeutungsverbesserung

e) Begriff   ursprüngliche Bedeutung   heutige Bedeutung
Arbeit   - schwere Anstrengung, Mühsal, Plage   - schwere Anstrengung, Mühsal, Plage
                                                                                                - Ausführen eines Auftrages, Tätigsein mit einzelnen Verrichtungen
                                                                                                - Beschäftigtsein mit etwas
                                                                                                - berufliche Tätigkeit, Ausübung des Berufes
                                                                                                - Produkt einer Tätigkeit, z. B. Bilder von Künstlern
                                                                                                - Abhandlung, wissenschaftliche Arbeit
                                                                                                - schriftliche Aufgabe
                                                                                                - Gestaltung, Art der Ausführung

☐ Bedeutungserweiterung   ☐ Bedeutungsverengung   ☐ Bedeutungsverschiebung

☐ Bedeutungsverschlechterung   ☐ Bedeutungsverbesserung

AB 58

Sprachwandel: Vom Kommen und Gehen von Wörtern 1

1) Kreuze bei den Satzpaaren jeweils den Satz an, den du für die Mitteilung des entsprechenden Sachverhaltes benutzen würdest.

a) ☐ Ich kann ihn mit dem Münzfernsprecher anrufen und Bescheid sagen.
   ☐ Ich kann ihn mit dem Smartphone anrufen und Bescheid sagen.

b) ☐ Wir könnten den Brief mit der Schreibmaschine tippen.
   ☐ Wir könnten den Brief mit dem Laptop tippen.

2) Vergleicht eure Ergebnisse und begründet schriftlich, warum ihr diese beiden Sätze angekreuzt habt.

_____
_____
_____

3) Kreise die Ursache dafür ein, die dazu geführt hat, dass die in den Sätzen vorkommenden Begriffe von Aufgabe 1 durch andere Begriffe ersetzt wurden.

Stromausfall   technischer Fortschritt   deutsche Wiedervereinigung

4) Neben der obengenannten Ursache für die Veränderung von Begriffen gibt es noch weitere Ursachen für das Kommen und Gehen von Wörtern, die bestimmte Gegenstände oder Sachverhalte beschreiben. Lies dir die Beispiele für die Veränderung von Begriffen durch und ordne den Beispielen die passende Ursache aus dem Kasten zu.

| Aufwertung aufgrund gesellschaftlichen Umdenkens – Ersatz aufgrund historisch-politischen Umdenkens – Ersatz durch Anglizismen |

a) _____
   _____ : Abspielgerät --) Player

b) _____
   _____ : Sonderschule --) Förderschule

c) _____
   _____ : Reichskristallnacht --) Reichspogromnacht

AB 59

Sprachwandel: Vom Kommen und Gehen von Wörtern 2

5) Notiere, welches Wort durch welchen Begriff ersetzt wurde, indem du den Wörtern die dazu passenden Begriffe aus dem Kasten zuordnest und die Begriffe bei den entsprechenden Wörtern aufschreibst.

| Urlaub – schnell – Jeans – Onkel – Schwimmbad – Polizist – Frau – Gentleman – Friseur – Kino – Tante – Kartoffel – weiblicher Teenager – Zorn – lediger Mann – telefonisch – kleiner Gemischtwarenladen – Cousine |

a) fernmündlich: _____   j) Wachtmeister: _____

b) Lichtspielhaus: _____   k) Base: _____

c) Oheim: _____   l) Nietenhose: _____

d) Fräulein: _____   m) Ingrimm: _____

e) Erdapfel: _____   n) Muhme: _____

f) Badeanstalt: _____   o) Tante-Emma-Laden: _____

g) Kavalier: _____   p) Sommerfrische: _____

h) geschwind: _____   q) Junggeselle: _____

i) Backfisch: _____   r) Barbier: _____

6) Unterstreiche in den Sätzen denjenigen Begriff, der im heutigen Sprachgebrauch kaum noch benutzt wird und in der Regel durch andere Begriffe ersetzt wird.

a) In der Mitte des Weihers schwamm eine Entenfamilie mit fünf Jungen.

b) Diese Kugel war der Prinzessin besonders hold.

c) Am Markt konnten sie ihre Waren feilbieten.

d) Dieser Bereich oblag dem Schreinergesellen.

e) Ein solches Vorgehen war dem Prinzen nicht genehm.

f) Bitte kommen Sie auf die Polizeidienststelle behufs der Klärung einer Angelegenheit.

7) Ersetze bei den Sätzen aus Aufgabe 6 die unterstrichenen Begriffe durch heute übliche Ausdrücke und schreibe die Sätze so verändert auf. Dabei kannst du die Formulierungen aus dem Kasten zur Hilfe nehmen, die du nur richtig zuordnen musst. **HK 35**

| jemandem gefallen – jemandem lieb und teuer sein – zum Zwecke – Teich – in die Zuständigkeit von jemandem fallen – günstig anbieten/verkaufen |

AB 60

Scheinanglizismen 1

1) Lies dir die Wörter in dem Kasten durch und schreibe auf, aus welcher Sprache sie wahrscheinlich stammen.

Beamer – Handy – Public-Viewing – Bodybag

_____

2) Sieh dir nun die weiterführenden Informationen zur Bedeutung der Wörter im Deutschen und Englischen an sowie die englischen Begriffe dafür in der Tabelle an und schreibe auf, was dir auffällt.

Wort	deutsche Bedeutung	englische Bedeutung	englischer Begriff dafür
Handy	mobiles Telefon	handlich	mobil phone
Beamer	Video-Projektor	bestimmte Art des Wurfes beim Cricket	video-projector/ digital projector
Public-Viewing	öffentliche Vorführung eines Fußballspiels auf einer Leinwand	öffentliche Aufbahrung einer Leiche	public screening/ outdoor screening
Bodybag	Kuriertasche, Rucksack, der mit einem Riemen diagonal über Brust und Rücken geschultert wird	Leichensack	messengerbag

_____

_____

_____

3) Überlege, ob man die vier Begriffe aus Aufgabe 1 dann als Anglizismen, das bedeutet Wörter, die aus dem Englischen stammen und so in die deutsche Sprache übernommen worden sind, bezeichnen kann oder nicht, und kreuze die entsprechende Antwort an.

☐ ja ☐ nein

AB 61

Scheinanglizismen 2

4) Lies dir den Informationstext durch und finde heraus, wie der Fachbegriff für diese Wörter lautet, indem du den spiegelverkehrt notierten Begriff richtig herum in die Lücke einträgst.

Mit Anglizismen werden Wörter bezeichnet, die aus dem Englischen stammen. Im Deutschen gibt es jedoch auch Wörter, die sich wie Anglizismen anhören, jedoch in Wahrheit gar keine sind, weil es die Wörter im Englischen gar nicht gibt und es sich nur um deutsche Wortneuschöpfungen mit englischen Wortkennzeichen und Wortbestandteilen handelt. Solche Wörter, die dann zwar englisch klingen, aber nicht wirklich aus dem Englischen stammen oder dort eine ganz andere Bedeutung haben, nennt man _____ (n e m s i z i l g n a n i e h c S).

5) Lies dir die Informationen zu folgenden englisch klingenden Wörtern durch und entscheide, ob es sich um Anglizismen oder Scheinanglizismen handelt, und notiere die Wörter in die passende Spalte der Tabelle. **HK 36**

Wort	deutsche Bedeutung	englische Bedeutung	englischer Begriff dafür
Smoking	Hemdanzug mit seidenen Umschlägen für gesellschaftliche Anlässe	Rauchen	dinner suit/ dinner jacket
Oldtimer	altes Auto mit Sammlerwert	alter Mann	classic car/ vintage car
Bodyguard	Leibwächter	Leibwächter	bodyguard
Partnerlook	gleiches Aussehen	Partner + Aussehen	machting outfits
Shooting Star	Senkrechtstarter	Sternschnuppe	overnight success/ whiz kid
Copyright	Urheberrecht	Urheberrecht	copyright
Flyer	Flugblatt/Handzettel	Flugblatt/Handzettel	flyer
Showmaster	Moderator einer Sendung	Meister + Sendung	show host
Hometrainer	Fitnessgerät	Zuhause + Übungsleiter	fitness machine/ exercise machine
Shop	Laden/Geschäft	Laden/Geschäft	shop
Tramper	Anhalter	Tramp = Obdachloser, Vagabund	hitchhiker
Back factory	Brotfabrik	Hinterteil + Fabrik	bread factory
Song	Lied	Lied	song
Headline	Schlagzeile	Schlagzeile	headline

Anglizismen	Scheinanglizismen

© Birgit Lascho: Nachdenken über Sprache mit Gewinn, Unterrichtsmaterialien zur Reflexion über Sprache, Kopiervorlagen für die Klassenstufen 5-10, 2016.

AB 62

Stilblüten 1

1) Lies dir die Satzbeispiele durch und beschreibe, wie du auf die Sätze reagierst und wodurch diese Reaktion ausgelöst wird.

a) Bevor der Mann seine Angel in den See warf, machte er am Haken einen dicken Köter fest.

b) Wenn meine Oma Wäsche macht, helfen wir ihr, legen sie in den Korb, tragen sie auf den Speicher und hängen sie auf.

c) Hunde sollten um Mitternacht ins Haus, Katzenhalter den ganzen Silvestertag.

d) Leider bekomme ich keine Katze, weil meine Mutter einen Vogel hat.

_____

_____

2) Stilblüten, ungewollt komisch wirkende Sätze, entstehen vor allem durch die im Kasten notierten Ursachen. Ordne jedem Satzbeispiel die dazu passende Ursache aus dem Kasten zu und notiere sie dort.

| Falschen Satzbezug – Doppeldeutigkeit – Falsche Wortwahl – Inhaltlich falschen Bezug |

Stilblüten entstehen vor allem durch:

1) _____

Beispiel: Bevor der Mann seine Angel in den See warf, machte er am Haken einen dicken Köter fest.

2) _____

Beispiel: Wenn meine Oma Wäsche macht, helfen wir ihr, legen sie in den Korb, tragen sie auf den Speicher und hängen sie auf.

3) _____

Beispiel: Hunde sollten um Mitternacht ins Haus, Katzenhalter den ganzen Silvestertag.

4) _____

Beispiel: Leider bekomme ich keine Katze, weil meine Mutter einen Vogel hat.

AB 63

Stilblüten 2

3) Erklärt nun, was an den Sätzen aus Aufgabe 2 konkret inhaltlich problematisch ist.

Satz 1: _____

_____

Satz 2: _____

_____

Satz 3: _____

_____

Satz 4: _____

_____

4) Manchmal treten bei Sätzen auch zwei Ursachen gleichzeitig auf, die einen Satz zu einer Stilblüte machen. Lies dir den folgenden Satz durch und schreibe die beiden Ursachen auf, die ihn komisch wirken lassen.

Einen richtigen Osterhasen gibt es gar nicht, bei uns versteckt mein Vater immer seine Eier, das habe ich selbst gesehen.

_____ und _____

5) Notiere, wie man den Ausdruck „seine Eier" verbessern kann, damit der Leser besser versteht, um welche Eier es geht und um wessen. **HK 37**

Statt „seine Eier" besser: _____

AB 64

Stilblüten 3

6) Bei folgenden Stilblüten haben die Verfasser ein falsches Wort benutzt. Unterstreiche das falsche Wort, ersetze es durch ein passendes Wort und schreibe die Sätze so verbessert in dein Heft auf. HK 38

a) Der Papst lebt im Vakuum.

b) Wir fordern Sie auf, den Hund unverzüglich und unverzehrt zurückzubringen, ansonsten erfolgt eine Anzeige.

c) Der Polizist rettete sich mit einem Seitensprung.

d) Luther schlug seine 95 Prothesen 1517 an die Schlosskirche zu Wittenberg.

7) Die folgenden Stilblüten sind durch einen falschen Satzbezug entstanden. Überlege, was die Verfasser der Sätze ausdrücken wollten, und schreibe die Sätze verbessert in dein Heft. HK 39

a) Empörte Bauern aus Diepholz trieben Schweine vor den Bundestag. Landwirtschaftsminister Borchert sprach mit ihnen.

b) Die Beschuldigte warf der Anzeigenerstatterin eine Bierdose an den Kopf, wobei diese eine Verletzung, leichte Beule, erhielt.

c) Prüfen Sie bitte meine Versicherungsbeitragsquittungen für meine fünf Kinder, die als Anlage dem Brief beiliegen.

d) Jedes Jahr im Herbst beginnt die große Wanderung, bei der die Bauern mit ihren Rindern ins Tal ziehen, um geschlachtet zu werden.

AB 65

Stilblüten 4

8) Die folgenden Stilblüten sind durch einen inhaltlich falschen Bezug entstanden. Überlege, was der Verfasser aussagen wollte, und schreibe die Sätze verbessert ins Heft.

a) Das Wetter kann vielen eine Rechnung durch den Strich machen.

b) Jetzt müssen wir nur noch das Eigelb vom Dotter trennen.

c) Auch Tierbesitzer, die sich aus gesundheitlichen Gründen nicht um ihre Haustiere kümmern können, werden ins Tierheim gebracht.

d) Für solche faulen Ausreden müssen Sie sich einen Dümmeren suchen, aber den werden Sie kaum finden.

9) Die folgenden Stilblüten sind durch den Gebrauch doppeldeutiger Ausdrücke entstanden. Überlege, was die Verfasser mit den Sätzen aussagen wollten, und schreibe die Sätze verbessert auf.

a) Dr. Müller hat mir neue Zähne eingesetzt, die zu meiner Zufriedenheit ausgefallen sind.

_____

_____

b) Die stolzen Burgfräuleins warteten auf ihre ausgezogenen Ritter.

_____

c) Das Wetter bleibt sonnig, was die Wirte freut, die ihre Geschäfte draußen machen.

_____

_____

d) Die Kastelruther Spatzen schafften es alleine, die Bühne voll zu machen.

_____

AB 66

Stilblüten 5

10) Kreuze an, welche Sätze Stilblüten enthalten, und schreibe die betreffenden Sätze verbessert ins Heft.

☐ a) Bei dieser Angelegenheit solltest du nicht aus einer Mücke einen Elefanten machen.

☐ b) Wenn jemand in der Familie erkrankt ist, sollte man Bad und Toilette infizieren.

☐ c) Der Viehhändler hatte mit seinem Transporter den Zaun angefahren. Das Schwein konnte erst später eingefangen werden.

☐ d) Neben Prunksälen hatten die Ritter auch heizbare Frauenzimmer.

☐ e) Die Anzahl der Touristen, die in den Sommermonaten nach Berlin kommen, wächst ständig.

☐ f) Wie sich herausstellte, war das Pferd von der Weide ausgebüxt. Es wurde schließlich zusammen mit seiner Besitzerin wieder eingefangen.

☐ g) Sie haben mir das Grüne vom Ei versprochen.

☐ h) Unter der Herrschaft Papst Impotenz III. erreichte das Papsttum seine Blüte.

☐ i) Seit der Trennung von meinem Mann wurde der notwendige Verkehr durch meinen Rechtsanwalt erledigt.

☐ j) In den letzten fünf Jahren wurde eine Vielzahl von Bahnhöfen erneuert, die nun in hellem Glanz erstrahlen.

☐ k) Wer Vogelstimmen hören und zuordnen will, der sollte eigentlich schon vor dem Aufstehen in den Wald gehen.

☐ l) In jüngster Zeit verabschieden sich immer mehr Bundesländer von der verkürzten Schulzeit in den gymnasialen Bildungsgängen, um den Jugendlichen wieder mehr Zeit zum Lernen zu ermöglichen.

AB 67

Überschriften 1

1) Lies dir die Überschriften durch und erkläre jeweils, was damit ausgesagt werden soll, wie du die Überschriften verstehst.

a) Fluggäste ärgern sich über Gebühr.

_____

_____

b) Manche Tiere riechen gut.

_____

_____

c) China richtet die meisten Menschen hin.

_____

_____

2) Vergleicht die Ergebnisse und notiert, was euch auffällt.

_____

_____

3) Schreibe auf, welchen der drei Hinweise ihr beim Formulieren einer Überschrift unter anderem folglich beachten sollt.

a) Bei der Formulierung einer Überschrift sollte man unbedingt darauf achten, dass man nur Substantive verwendet.

b) Bei der Formulierung einer Überschrift sollte man unbedingt darauf achten, dass die Formulierung sprachlich eindeutig ist.

c) Bei der Formulierung einer Überschrift sollte man unbedingt darauf achten, dass ein Verb enthalten ist.

_____

_____

_____

AB 68

Überschriften 2

4) Kreuze an, welche Überschriften sprachlich nicht eindeutig sind.

- ☐ Paketbote von Hund gebissen
- ☐ Mann stellt sich nach Schuss auf Frau
- ☐ Polizisten gehen ab jetzt in blauer Uniform auf Streife
- ☐ Jugendlicher raubt Seniorin Handtasche
- ☐ Straßenmüll nicht unter den Tisch kehren
- ☐ Paketbote von Schäferhund angefallen
- ☐ Angeklagter vom Vorwurf der Tierquälerei von zwei Ochsen freigesprochen
- ☐ Mann stellt sich bei der Polizei nach Schuss auf Frau
- ☐ Jugendlicher entwendet Seniorin Handtasche
- ☐ Straßenmüllproblem nicht unter den Tisch kehren
- ☐ Polizisten gehen ab jetzt blau auf Streife
- ☐ Angeklagter vom Vorwurf, Tierquälerei an zwei Ochsen begangen zu haben, freigesprochen

5) Vergleicht eure Ergebnisse und besprecht, warum die angekreuzten Überschriften nicht eindeutig sind, indem ihr die beiden Lesarten benennt.

6) Überlege, was mit den Überschriften ausgesagt werden soll, und schreibe sie verbessert ins Heft.

HK 40

a) Haftstrafen für zerstückelte Leichen.   b) Müllsammeln und gemeinsam im Gasthof essen

7) Markiere dir die sprachlich missverständlichen Überschriften durch ein Kreuz und schreibe diese Überschriften in verbesserter Form ins Heft.

- ☐ a) Polizei umstellt Haus mit Tatverdächtigen   ☐ b) Schwerer Unfall auf Stadtautobahn
- ☐ c) Bauarbeiter stürzt von Kran in die Tiefe   ☐ d) Anwohner sollen Autos beschädigen
- ☐ e) Drei Jahre Haft für toten Polizeihund   ☐ f) Falscher Polizist verurteilt
- ☐ g) Polizisten fahren Telefonzelle umgehend an
- ☐ h) Jeder dritte Bürger Bonns ist ein EU-Bürger

AB 69

Holzwegsätze mit „und" oder „oder" 1

1) Lies dir die beiden Sätze der Satzpaare durch und kreuze an, welchen Satz du auf Anhieb schneller verstehen kannst.

a) ☐ Er schnitt die Paprika und seine Freundin bereitete die Salatsoße zu.
   ☐ Er schnitt die Paprika, und seine Freundin bereitete die Salatsoße zu.

b) ☐ Wir warten auf euch oder die Kinder machen sich schon auf den Weg.
   ☐ Wir warten auf euch, oder die Kinder machen sich schon auf den Weg.

2) Unterstreiche, an welcher Stelle du bei Satz a und b jeweils beim ersten Lesen Verständnisprobleme hast beziehungsweise beim ersten Lesen in die Irre geführt wirst.

a) Er schnitt die Paprika und seine Freundin bereitete die Salatsoße zu.

b) Wir warten auf euch oder die Kinder machen sich schon auf den Weg.

3) Erkläre nun, wodurch diese Verständnisprobleme beim ersten Lesen entstehen, du beim ersten Lesen in die Irre geführt wirst.

_____
_____
_____

4) Sieh dir noch einmal die Sätze in Aufgabe 1 an und schreibe auf, was man bei solchen Sätzen, bei denen beim ersten Lesen nicht völlig eindeutig ist, dass sich die Wortgruppe nach „und" oder „oder" nicht auf den bisherigen Satz beziehen, machen kann, um die Leser nicht auf den Holzweg zu führen.

_____

5) Verändere die Sätze, bei denen die Leser beim ersten Lesen in die Irre geführt werden, so, dass die Sätze für die Leser auf Anhieb verständlich sind. **HK 41**

a) Ich rief meinen Opa und meine Oma kam herbei.

b) Sie traf sich mit ihrer Schwester und deren Freundin war auch mitgekommen.

c) Ich fotografierte das Meer und meine Frau saß im Strandkorb.

d) Die Referentin schimpfte auf die Stadtverwaltung und das Publikum klatschte Beifall.

e) Wir fragen Dirk oder Maik holt den Stadtplan.

f) Ihr benötigt morgen das Übungsheft und das Buch könnt ihr zu Hause lassen.

AB 70

Holzwegsätze mit „und" oder „oder" 2

6) Überprüfe, bei welchen der Sätze es sich um Holzwegsätze handelt, die beim ersten Lesen den Leser in die Irre führen, und kreuze diese Sätze an.

- ☐ a) Er zeichnete einen Elefanten und seine Schwester las ein Buch.
- ☐ b) Wir fragen sie oder er ruft sie an.
- ☐ c) Ich brate Kartoffeln und er kümmert sich um das Fleisch.
- ☐ d) Er streichelte die Katze und der Hund blickte ihn eifersüchtig an.
- ☐ e) Wir gehen ohne ihn oder sie ruft noch einmal an.
- ☐ f) Sie traf sich mit ihrem Freund und ihre Eltern waren auch mitgekommen.
- ☐ g) Wir fragen den Kleinen oder die Schwester sucht die Mutter.
- ☐ h) Sie rief nach ihrer Mutter und ihr Vater kam herein.
- ☐ i) Wir fahren ohne sie oder er sucht noch einmal nach ihr.
- ☐ j) Der Schulleiter lobte die Schüler und die Eltern begannen laut zu klatschen.

7) Schreibe die angekreuzten Sätze aus Aufgabe 6 so verändert auf, dass man die Sätze auf Anhieb versteht.

_____
_____
_____
_____
_____
_____
_____
_____

LÖSUNGEN

AB 1 Substantive, die nur im Singular vorkommen

Aufgabe 1
a) der Wald – die <u>Wälder</u> e) die Ruhe – die _____
b) die Milch – die _____ f) das Kind – die <u>Kinder</u>
c) die Brille – die <u>Brillen</u> g) der Schnee – die _____
d) den Kopf – die <u>Knöpfe</u> h) das Obst – die _____

Aufgabe 2
Zu einem der Teil Substantive gibt es keine Pluralform.

Aufgabe 3
Im Deutschen gibt es Substantive, die nur im <u>Singular</u> (der <u>Einzahl</u>) vorkommen. Bei diesen Substantiven handelt es sich inhaltlich um einen Teil der Wörter, jedoch nicht automatisch um alle Wörter, die eine Masse beschreiben, die sich nicht zählen lässt. Deshalb sollte man bei solchen Wörtern bei der Pluralbildung aufpassen.

Aufgabe 4

| Holz <u>Mut</u> Lampe Schule <u>Regen</u> Spiel <u>Sand</u> Frau [Eis] Koffer Apfel [Butter] |
| <u>Wärme</u> Mütze Matte Stadt Fahne [Fleisch] Bus Schild Hund <u>Schutz</u> Ritz <u>Hunger</u> |
| Pfirsich Hütte <u>Kälte</u> <u>Armut</u> Vase Katze <u>Laub</u> Wette <u>Gold</u> Besen Ring Weg |
| [Zucker] Regal Igel [Salz] Wolke Schuh [Mehl] Schere <u>Treue</u> Blume [Reis] Auge |

Aufgabe 5
Eis = Eissorten, Eisstücke, Eiskugeln, Eisbrocken, Eisklumpen
Butter = Buttersorten, Butterstücke, Butterflocken
Fleisch = Fleischsorten, Fleischstücke, Fleischklumpen, Fleischbrocken
Zucker = Zuckersorten, Zuckerstücke, Zuckerkristalle
Mehl = Mehlsorten, Mehlkörner, Mehlklumpen
Reis = Reissorten, Reiskörner, Reisklumpen

AB 2 Substantive, die nur im Plural vorkommen

Aufgabe 1
a) die Tannen von: <u>die Tanne</u> d) die Bücher von: <u>das Buch</u>
b) die Gebrüder von: _____ e) die Kalender von: <u>der Kalender</u>
c) die Tasche von: <u>die Tasche</u> f) die Unkosten von: _____

Aufgabe 2
Zu einem Teil der Substantive gibt es keine Singularform.

Aufgabe 3
Im Deutschen gibt es Substantive, die nur im <u>Plural</u> (der <u>Mehr</u>zahl) vorkommen.

Aufgabe 4

X Leute   □ Schirme   X Ferien   □ Späße   □ Hasen   □ Gelder   □ Vögel

□ Gewitter   X Alpen   X Trümmer   □ Laute   X Kriegswirren   X Spesen   X Azoren

X Masern   □ Computer   X Kosten   □ Schule   □ Flüsse   □ Kugeln   X USA

□ Säfte   X Gewissensbisse   X Einkünfte   X Flitterwochen   □ Gläser   X Tropen   □ Heime

X Röteln   □ Zöpfe   □ Scheunen   □ Gräser   X Shorts   □ Türen   □ Bäume

□ Laternen   X Finanzen   □ Türme   X Niederlande   □ Banken

Aufgabe 5
a) Heizkosten: einen Anteil der Heizkosten
b) Seeleute: ein Seemann
c) 24 Stunden der Sommerferien: einen Tag der Sommerferien
d) Gebrüder: einer der Brüder

AB 3 Gleichklingende Substantive mit unterschiedlicher Schreibung und Bedeutung

Aufgabe 1
Die beiden Wörter werden gleich ausgesprochen, haben aber eine unterschiedliche Bedeutung.

Aufgabe 2
Lied = Gesangstück   Lid = Augendeckel
Die Bedeutungen unterscheiden sich.

Aufgabe 3
Die unterschiedliche Schreibweise zeigt an, in welcher Bedeutung das gleichklingende Substantiv gemeint ist.

Aufgabe 4
a) Gesichtsausdruck: Miene   Inneres eines Schreib- oder Malstiftes: Mine
b) bestimmte Ausdrucksweise von etwas, z. B. einer Zeitepoche/Sportart/Lebensweise: Stil
   Stängel einer Blume/Griff eines Besens: Stiel
c) Kind, das Elternteil oder Eltern verloren hat: Waise   Art: Weise
d) Bespannung von Musikinstrumenten, die aus Metall/Kunststoff/Tierhaut besteht: Saite
   Einzelnes Blatt in einem Buch oder Dokument: Seite
e) runde feste geformte Masse von Käse oder Brot: Laib   Körperteil/Bauch: Leib
f) Berufsausbildung, Wissensauffassung an der Universität: Lehre
   Unausgefülltsein, Öde, Verlassenheit: Leere

AB 4 Substantive, bei denen die Gliederung bei der Aussprache die Bedeutung anzeigt

Aufgabe 1
a) Druck-erzeugnis: gedrucktes Erzeugnis, etwas Gedrucktes
b) Drucker-zeugnis: Zeugnis eines Druckers

Aufgabe 2
Je nach Gliederung bei der Aussprache erhält das Wort eine andere Bedeutung.

Aufgabe 3
Im Deutschen gibt es eine geringe Anzahl von Wörtern, die gleich geschrieben werden, aber unterschiedlich ausgesprochen werden, wobei die unterschiedliche Aussprache bedeutungsunterscheidende (schei – deu -- ter – be – tungs – den – un – de) Funktion hat.

Aufgabe 4
a) Beinhaltung: Be-inhaltung   (--) Bein-haltung
              mit eingeschlossen sein   Stellung der Beine
b) Wachstube: Wach-stube   (--) Wachs-tube
              Raum am Polizeirevier   Tube mit Wachs

Aufgabe 5
a) Staubbecken: Stau-becken   (--) Staub-ecken
              Becken zum Stauen   (--) staubige Ecken
b) Versendung: Ver-sendung   (--) Vers-endung
              Verschicken   (--) Endung eines Verses
c) Streikende: Streik-ende   (--) Streiken-de
              Ende eines Streikes   (--) Menschen, die streiken

AB 5-6   Substantivzusammensetzungen 1-2

Aufgabe 1
a) Kinderbett: Bett für Kinder   f) Esstisch: Tisch zum Essen
b) Kinderstuhl: Stuhl für Kinder   g) Gartenstuhl: Stuhl für den Garten
c) Kinderlachen: Lachen eines Kindes   h) Motorboot: Boot mit Motor
d) Plastikblume: Blume aus Plastik   i) Sauerkirsche: saure Kirsche

Aufgabe 2
a) Holzfassboden: Boden eines Holzfasses

b) Kindergartenstuhl: Gartenstuhl für Kinder
                    Stuhl für Kindergärten

Aufgabe 3
Das Wort kann zwei unterschiedliche Bedeutungen haben.

Aufgabe 4
Substantive, die aus drei oder mehr Substantiven zusammengesetzt sind, können in Einzelfällen zwei mögliche Lesarten haben. Um hier Missverständnisse zu vermeiden, sollte man hier immer überprüfen, ob ein solches Substantiv eine eindeutige Lesart hat, und wenn dies nicht der Fall ist, eine passende Umschreibung wählen.

Aufgabe 5
☐ Kinderhaarbürste   X Holzhaustür   X Holzhasenstall
X Kindergartenmöbel   ☐ Metallfenstergriff   X Porzellankatzennapf

Aufgabe 6
Holzhaustür: Haustür aus Holz/Tür für ein Holzhaus
Holzhasenstall: Hasenstall aus Holz/ Stall für Hasen aus Holz
Kindergartenmöbel: Gartenmöbel für Kinder/Möbel für Kindergärten
Porzellankatzennapf: Katzennapf aus Porzellan/Napf für eine Porzellankatze

Aufgabe 7
☐ a) Schweinschnitzel: gebratene Scheibe Fleisch vom Schwein
☐ b) Kalbsschnitzel: gebratene Scheibe Fleisch vom Kalb
☐ c) Putenschnitzel: gebratene Scheibe Fleisch von einer Pute
X d) Kinderschnitzel: gebratene Scheibe Fleisch vom Kind, gebratene Scheibe Fleisch für Kinder

Aufgabe 8

| Kinderwurst | Babybrei | Seniorenschnitzel | Kinderschokolade |
| Katzenfutter | Kinderdöner | Rindsgehacktes | Hundefleisch |

Kinderwurst = Wurst für Kinder
Seniorenschnitzel = Schnitzel für Senioren
Kinderdöner = Döner für Kinder
Hundefleisch = Fleisch für Hunde

AB 7-8 Substantive und der passende Artikel 1-2

Aufgabe 1
das Monokel   das Gesinde   der Pedell

Aufgabe 2
der Schenkel   die Linde   das Gebell
die Schaukel   der Blinde   die Mamsell*
das Spektakel   das Gebinde   der Gesell

Aufgabe 3
☐ Ja, man kann den Artikel von Wörtern mit Hilfe von ähnlichen Wörtern ermitteln, da Wörter mit der gleichen Buchstabenfolge am Ende immer denselben Artikel haben.
X Nein, man kann den Artikel von Wörtern leider nicht mit der Hilfe von ähnlichen Wörtern ermitteln, da Wörter mit der gleichen Buchstabenfolge am Wortende verschiedene Artikel haben können.

Aufgabe 4
ähnliche Wörter suchen   im Wörterbuch nachschlagen

Aufgabe 5
das (sad) Monokel (= Augenglas für ein Auge)
das (sad) Gesinde (= alle Knechte und Mägde am Hof)
der (red) Pedell (= Schulhausmeister)

Aufgabe 6

der Terrorismus – das Kätzchen – die Zeitung – die Freiheit – die Heiterkeit –

die Gemeinschaft – die Bäckerei – das Männlein – die Universität – die Sensation –

der Teppich – die Violine – die Natur – die Meinung – der Egoismus – die Krankheit –

die Freundlichkeit – das Näpfchen – die Gesellschaft – die Sauerei – die Qualität –

die Information – der Wüterich – die Mandarine – die Zensur

Aufgabe 7
--) Substantive mit den Endungen „-ung", „-heit", „-keit", „-schaft",
„-ei", „-tät", „-tion", „-ine" und „-ur" haben immer den
weiblichen Artikel „die".
--) Substantive mit den Endungen „-ismus" und „-ich" haben immer den
männlichen Artikel „der".
--) Substantive mit den Endungen „-chen" und „-lein" haben immer den
sächlichen Artikel „das".

Aufgabe 8
a) die Meisterschaft   f) die Neuheit   k) der Rettich
b) das Brötchen   g) der Kommunismus   l) die Lawine
c) die Bücherei   h) die Versetzung   m) die Feigheit
d) die Kultur   i) das Blümlein   n) die Wohnung
e) die Identifikation   j) die Nationalität   o) die Freundschaft

© Birgit Lascho: Nachdenken über Sprache mit Gewinn, Unterrichtsmaterialien zur Reflexion über Sprache, Kopiervorlagen für die Klassenstufen 5-10, 2016.

AB 9 Zusammengesetzte Substantive und der richtige Artikel

Aufgabe 1
a) Haustür: das Haus + die Tür = die Haustür
b) Zahnrad: der Zahn + das Rad = das Zahnrad
c) Bahnhof: die Bahn + der Hof = der Bahnhof
d) Autoreifen: das Auto + der Reifen = der Autoreifen
e) Hinweistafel: der Hinweis + die Tafel = die Hinweistafel
f) Holzkiste: das Holz + die Kiste = die Holzkiste

Aufgabe 2
☐ das erste Zusammensetzungswort   X das zweite Zusammensetzungswort

Aufgabe 3
a) Haustürschlüssel: das Haus + die Tür + der Schlüssel = der Haustürschlüssel
b) Haustürschlüsseltasche: das Haus + die Tür + der Schlüssel + die Tasche = die Haustürschlüsseltasche

Aufgabe 4
Das letzte/hintere Zusammensetzungswort gibt den Ausschlag für den Artikel des zusammengesetzten Wortes.

Aufgabe 5
a) der Spielwarenherstellerverband
b) das Treppenhausfußbodenputzmittel
c) die Kinderwagenradkappe
d) die Turmuhrzeigerfarbe
e) die Sofakissenknopfleiste
f) die Eisenbahnschaffneruniform
g) der Reisekofferschlossschlüssel
h) der Autositzbezugstoff

AB 10-11 Substantive mit zwei Artikeln unterschiedlichen Geschlechts und einer Bedeutung 1-2

Aufgabe 1
Das Substantiv „Schrank" kann nur mit einem Artikel stehen, während das Substantiv „Spind" mit zwei Artikeln stehen kann.

Aufgabe 2
X die/das   X der/das   X die/der

Aufgabe 3
Im Deutschen gibt es nur einen geringen Teil von Substantiven, die ein schwankendes Genus (Geschlecht) haben und deshalb mit zwei Artikeln stehen können. Oft handelt es sich bei diesen Substantiven um Fremdwörter oder Bezeichnungen für Nahrungsmittel oder andere spezielle Dinge. Da jedoch nicht alle Fremdwörter, Nahrungsmittel oder Bezeichnungen für spezielle Dinge automatisch mit zwei Artikeln stehen können, sollte man im Zweifelsfall immer im Wörterbuch nachsehen, welche oder welcher Artikel für ein solches Substantiv zulässig sind oder ist.

Aufgabe 4
a) der/das Curry (r y C u r)
b) der/das Schnipsel (n i p S c h s e l)
c) der/das Dotter (t e r o t D)
d) der/das Sakko (a k S k o)
e) der/das Gelee (l e e G e)
f) der/das Carport (p o r C a r t)
g) der/das Bonbon (b o B o n n)
h) der/das Lampion (p i o n L a m)
i) der/das Lasso (a s s L o)
j) der/das Blog (o B g l)
k) der/das Podest (d e s t P o)
l) der/das Event (t v e n E)

Aufgabe 5
a) die/das E-Mail
b) der/das Mus
c) die/der Salbei
d) der/das Virus
e) der/das Ketchup
f) die/das Soda
g) der/das Biotop
h) der/das Laptop

Aufgabe 6
a) Der/D̶i̶e̶/Das Podest war einen halben Meter hoch.
b) Der/D̶i̶e̶/Das Virus soll hoch ansteckend sein.
c) Der/D̶i̶e̶/D̶a̶s̶ Senf ist sehr scharf.
d) Der/Die/D̶a̶s̶ Fussel ist dorthin gefallen.
e) Der/D̶i̶e̶/Das Pflaumenmus ist selbstgemacht.
f) D̶e̶r̶/Die/Das E-Mail lässt sich nicht öffnen.
g) Der/D̶i̶e̶/Das Bonbon schmeckt gut.
h) Der/D̶i̶e̶/Das Sakko muss noch gebügelt werden.

AB 12-13 Substantive, bei denen der Artikel die Bedeutung anzeigt 1-2

Aufgabe 1
a) die Kiefer: ein Nadelbaum
   der Kiefer: ein Gebiss

Aufgabe 2
Die Bedeutungen der beiden Wörter unterscheiden sich.

Aufgabe 3
Die Artikel unterscheiden sich voneinander, das Substantiv „Kiefer" kann mit zwei Artikeln stehen.

Aufgabe 4
Der Artikel zeigt an, in welcher Bedeutung das Substantiv gemeint ist, er hat bedeutungsunterscheidende Funktion.

Aufgabe 5
a) Bild 1: das Pony   Bild 2: der Pony   b) Bild 1: das Schild   Bild 2: der Schild

Aufgabe 6
a) der Bauer (Landwirt)   (--)   das Bauer (Vogelkäfig)
b) der Bord (Schiffsrand)   (--)   das Bord (Regalbrett)
c) der Erbe (jemand, der erbt)   (--)   das Erbe (Hinterlassenschaft)
d) der Flur (Korridor)   (--)   die Flur (Landschaft)
e) das Gehalt (Lohn)   (--)   der Gehalt (Wert)
f) die Heide (Landschaftsform)   (--)   der Heide (Ungläubiger)
g) der Kunde (Käufer)   (--)   die Kunde (Nachricht)
h) der Laster (Lastkraftwagen)   (--)   das Laster (schlechtes Verhalten)
i) die Mark (Grenzland)   (--)   das Mark (Inneres einer Frucht, des Knochens)
j) die Mast (Intensivfütterung)   (--)   der Mast (Pfahl)
k) die Steuer (Abgabe)   (--)   das Steuer (Lenkvorrichtung)
l) das Tor (große Tür)   (--)   der Tor (einfältiger, dummer Mensch)
m) der Verdienst (Lohn)   (--)   das Verdienst (Leistung)

Aufgabe 7
a) Meer: die See   d) Seil: das Tau
   Stehendes Binnengewässer: der See   Niederschlag: der Tau
b) männliches Kind: der Junge   e) Steighilfe: die Leiter
   junges Tier: das Junge   Vorsteher: der Leiter
c) Schnur: das Band   f) Fehler: der Mangel
   Buch: der Band   Bügelmaschine: die Mangel

AB 14 Substantive und Verben, bei denen die Betonung die Bedeutung anzeigt

Aufgabe 1
a) umfahren: jemanden überfahren
b) umfahren: einen Bogen um etwas machen, daran vorbei fahren

© Birgit Lascho: Nachdenken über Sprache mit Gewinn, Unterrichtsmaterialien zur Reflexion über Sprache, Kopiervorlagen für die Klassenstufen 5-10, 2016.

Aufgabe 2
Je nach Bedeutung erhält das Wort eine andere Betonung.

Aufgabe 3
Im Deutschen gibt es Wörter, die, obwohl sie gleich geschrieben werden, unterschiedlich betont werden, wobei die Betonung eine bedeutungsunterscheidende Funktion hat.

Aufgabe 4
Hero<u>i</u>n (Rauschgift)   (--) Her<u>o</u>in (Heldin)

Aufgabe 5
a) <u>ü</u>bersetzen: ans andere Ufer gelangen
   übers<u>e</u>tzen: in eine andere Sprache übertragen
b) <u>u</u>mstellen: einkesseln
   umst<u>e</u>llen: woandershin befördern
c) w<u>ie</u>derholen: etwas zurückholen
   wiederh<u>o</u>len: noch einmal machen
d) <u>u</u>mfliegen: daran vorbei fliegen
   umfl<u>ie</u>gen: zu Boden fallen

AB 15-16 Regelmäßige und unregelmäßige Verbformen 1-2

Aufgabe 1
Infinitivform	Präsensform	Präteritumsform	Partizipform
drehen	er <u>dreht</u>	er <u>drehte</u>	er hat <u>gedreht</u>
nehmen	er <u>nimmt</u>	er <u>nahm</u>	er hat <u>genommen</u>

Aufgabe 2
Bei dem Verb „drehen" ändert sich der Vokal nicht, während sich beim Verb „nehmen" der Vokal in den einzelnen Formen ändert und Endungen anders gebildet werden.

Aufgabe 3
	Kriterien für normale Formenbildung	
drehen	X erfüllt	☐ nicht erfüllt
nehmen	☐ erfüllt	X nicht erfüllt

Aufgabe 4
Bei dem Verb „drehen" werden die Zeitformen regelmäßig gebildet und bei dem Verb „nehmen" unregelmäßig.

Aufgabe 5
Kreuz?	Infinitiv	Präsensform	Präteritumsform	Partizip II-Form
X	gießen	er <u>gießt</u>	er <u>goss</u>	er hat <u>gegossen</u>
☐	spielen	er <u>spielt</u>	er <u>spielte</u>	er hat <u>gespielt</u>
X	sehen	er <u>sieht</u>	er <u>sah</u>	er hat <u>gesehen</u>
☐	niesen	er <u>niest</u>	er <u>nieste</u>	er hat <u>geniest</u>
X	sinken	er <u>sinkt</u>	er <u>sank</u>	er ist <u>gesunken</u>
☐	nähen	er <u>näht</u>	er <u>nähte</u>	er hat <u>genäht</u>
☐	winken	er <u>winkt</u>	er <u>winkte</u>	er hat <u>gewinkt</u>
X	genießen	er <u>genießt</u>	er <u>genoss</u>	er hat <u>genossen</u>
☐	arbeiten	er <u>arbeitet</u>	er <u>arbeitete</u>	er hat <u>gearbeitet</u>
☐	baden	er <u>badet</u>	er <u>badete</u>	er hat <u>gebadet</u>
X	schwimmen	er <u>schwimmt</u>	er <u>schwamm</u>	er ist <u>geschwommen</u>
X	fangen	er <u>fängt</u>	er <u>fing</u>	er hat <u>gefangen</u>
X	messen	er <u>misst</u>	er <u>maß</u>	er hat <u>gemessen</u>

Aufgabe 7
☐ Beide Verben haben regelmäßige Stammformen. Die Orientierung an ähnlichen Verben
  ist also in allen Fällen hilfreich. Daher sollte man sich die Formen ähnlich klingender
  Verben gemeinsam aufschreiben und einprägen. Das Wörterbuch kann dabei hilfreich
  sein, in ihm sind die Formen nach dem Alphabet aufgelistet.

X Das eine Verb hat regelmäßige Stammformen und das andere nicht. Die Orientierung an ähnlichen Verben führt bei der Zeitformenbildung nicht weiter. Da es keine Erkennungshilfe dafür gibt, wie ein Verb seine Zeitformen bildet, sollte man die unregelmäßigen Verben mit ihren Formen auswendig lernen und im Zweifelsfall lieber in einer Grammatik oder einem Wörterbuch nachschlagen, ob es sich um ein regelmäßiges oder unregelmäßiges Verb handelt. Wenn es sich um ein regelmäßiges Verb handelt, sind im Wörterbuch in der Regel keine Formen angegeben, ansonsten werden die unregelmäßigen Formen aufgeführt.

AB 17-19 Transitive und intransitive Verben mit unterschiedlichen Formen 1-3

Aufgabe 1
Bei den Satzpaaren gibt es innerhalb einer Zeitform zwei mögliche Verbformen bis auf die Präsensformen von „hängen".

Aufgabe 2

Infinitivform	Präsensform	Präteritumsform	Partizip II-Form
hängen	er hängt	er hängte	er hat gehängt
hängen	er hängt	er hing	er hat gehangen
erschrecken	er schreckt	er erschreckt	er hat erschreckt
erschrecken	er erschrickt	er erschrak	er ist erschrocken

Die Stammformen werden einmal regelmäßig gebildet und einmal unregelmäßig.

Aufgabe 3
aktiv: Er hängt den Kalender an die Wand
passiv: Der Kalender wird an die Wand gehängt.
aktiv: Der Kalender hängt an der Wand.
passiv: _____

Aufgabe 4
Die Verben „hängen" und „erschrecken" sind besondere Verben. Denn sie können sowohl transitiv als auch intransitiv gebraucht werden und haben für diesen unterschiedlichen Gebrauch unterschiedliche Stammformen, die den unterschiedlichen Gebrauch verdeutlichen.
Dabei haben die Verben beim transitiven Gebrauch, den man daran festmachen kann, dass das Verb in diesem Fall ein Akkusativobjekt verlangt und ins Passiv umgeformt werden kann, regelmäßige Stammformen.
Beim intransitiven Gebrauch, der daran zu erkennen ist, dass das Verb ohne Akkusativobjekt steht und nicht ins Passiv umgeformt werden kann, haben die Verben dagegen unregelmäßige Stammformen.
Um hier keine Fehler zu machen, sollte man sich sowohl die unregelmäßigen als aber auch die regelmäßigen Stammformen der beiden Verben einprägen.

Aufgabe 5
a) Der Hund erschreckt mit seinem Gebell das Baby.   Das Baby erschrickt von dem Lärm.
b) Die Jacke hing an der Garderobe.   Sie hängte den Mantel an die Garderobe.
c) Der Junge erschrak heftig, als es knallte.   Der Junge erschreckte die Enten.
d) Die Gardine hat am Wohnzimmerfenster gehangen.   Sie hat die Gardine ans Fenster gehängt.
e) Sie hatten die alte Frau erschreckt.   Sie war von dem Knall erschrocken.

Aufgabe 6
a) In dem Moment bin ich zutiefst erschrocken (Perfekt von „erschrecken").
b) Sei leise, er erschrickt (Präsens von „erschrecken") sich sonst.
c) Der Turnbeutel hing (Präteritum von „hängen") am Schultor.
d) Die Kinder erschrecken (Präsens von „erschrecken") ihre Mutter.
e) Ich habe die Hose über den Stuhl gehängt (Perfekt von „hängen").
f) Der Wellensittich erschrak (Präteritum von „erschrecken").
g) Der Pullover hat doch hier auf der Leine gehangen (Perfekt von „hängen").
h) Sie hängte (Präteritum von „hängen") das Poster auf.

© Birgit Lascho: Nachdenken über Sprache mit Gewinn, Unterrichtsmaterialien zur Reflexion über Sprache, Kopiervorlagen für die Klassenstufen 5-10, 2016.

AB 20-21 Trennbare Partikel- und untrennbare Präfix-Verbzusammensetzungen mit Bedeutungsunterschied 1-2

Aufgabe 1
a) Satz 1: Achtung, er fährt gleich den Zaunpfahl um!
   Satz 2: Er umfährt das Hindernis vorsichtig.
b) Satz 1: Sie zieht sich eine Jacke über.
   Satz 2: Sie überzieht ständig ihr Konto.
c) Satz 1: Frau Groß stellt sich während des Regens unter dem Vordach unter.
   Satz 2: Frau Groß unterstellt Frau Klee, ihre Tageszeitung entwendet zu haben.

Aufgabe 2
Die Verbformen werden einmal getrennt und einmal nicht getrennt.

Aufgabe 3
a) Satz 1: überfahren, umlegen, niederdrücken
   Satz 2: ausweichen, daneben vorbeifahren, darum herumfahren
b) Satz 1: anziehen
   Satz 2: überschreiten, mehr Geld abheben als am Konto ist
c) Satz 1: sich unter etwas begeben
   Satz 2: vorwerfen, beschuldigen

Aufgabe 4
Die Bedeutungen unterscheiden sich.

Aufgabe 5
Gebraucht man eine solche Verbzusammensetzung, deren Formen sowohl getrennt als auch ungetrennt in den Präsens- und Präteritumsformen auftreten können, im konkreten wörtlichen Sinn, so wird in der Regel die erste Silbe betont und die beiden Bestandteile der zusammengesetzten Verbform werden in den Präsens- und Präteritumsformen getrennt , während die beiden Bestandteile beim Gebrauch im übertragenen Sinn in den Präsens- und Präteritumsformen ungetrennt bleiben und die zweite Wortsilbe betont wird.

Aufgabe 6
a) Fritzchen wiederholt (wiederholen) gerade die 8. Klasse ____--____.
b) Der Fährmann setzt (übersetzen) die Leute mit der Fähre über.
c) Mein Opa unterzieht (unterziehen) sich gerade einer Zahnoperation ____--____.
d) Achtung, das Fass läuft (überlaufen) gleich über!
e) Er umgeht (umgehen) gerne jegliche Anstrengungen ____--____.
f) Die Handwerker stellen (umstellen) die Möbel um.
g) Er übersetzt (übersetzen) den Text von Lateinischen ins Deutsche ____--____.
h) Der Pilot umfliegt (umfliegen) die Gewitterfront ____--____.
i) Der Junge holt (wiederholen) den Ball wieder.
j) In Afrika geht (umgehen) der Tod um.
k) Die Jugendliche durchläuft (durchlaufen) gerade eine schwierige Phase ____--____.
m) Das Buch geht (übergehen) in dein Eigentum über.

AB 22-23 Steigerbare und nicht steigerbare Adjektive 1-2

Aufgabe 1
warm - wärmer – am wärmsten
tot - toter – am totesten
warm   X Steigerung vom Sinn her möglich   □ Steigerung vom Sinn her nicht möglich
tot   □ Steigerung vom Sinn her möglich   X Steigerung vom Sinn her nicht möglich

Aufgabe 2
□ die Bedeutung des Adjektivs wird dann ins Gegenteil verkehrt
X das Adjektiv bezeichnet in der Grundform bereits einen endgültigen Zustand

Ⓒ Birgit Lascho: Nachdenken über Sprache mit Gewinn, Unterrichtsmaterialien zur Reflexion über Sprache, Kopiervorlagen für die Klassenstufen 5-10, 2016.

Aufgabe 3

schief	rot	ganz	traurig	stumm	ideal	hübsch	leblos
klein	einzig	schmal	total	dreieckig	sauber	rund	halb
blind	schön	nackt	nass	endgültig	golden	süß	einzigartig
böse	maximal	ledig	hölzern	neidisch	ehemalig	kein	lang
extrem	vollendet	kurz	weiß	optimal	absolut	kühl	viereckig
fleißig	ideal	zweifach	laut	dreckig	mündlich	minimal	hoch

Aufgabe 4
a) Das ist das ideale Fahrrad für dich.
b) Dies kann in keiner Weise stimmen.
c) Sie fuhr mit maximalem Tempo.
d) Die Preise sind der nackte Wahnsinn.
e) Im Erdgeschoss finden Sie eine große Auswahl goldener Ringe.
f) Sie ist das einzige Mädchen in der Fußball-AG.

Aufgabe 5
a) Sie aßen im teuersten (teuer) Restaurant der Stadt.
b) Das ist die optimale (optimal) Wohnung für dich.
c) Diese Handschuhe sind auch für extreme (extrem) Kälte geeignet.
d) Er fuhr ins höchste (hoch) Stockwerk.
e) Dies ist der endgültige (endgültig) Preis.
f) Das war der absolute (absolut) Horror für sie.

Aufgabe 6
X a) Das ist der idealste Beruf für dich.
☐ b) Er ist der jüngste in der Klasse.
X c) Das entspricht in keinster Weise den Erwartungen.
X d) Er war der einzigste Junge in der Gruppe.
☐ e) Dies ist die neuste Erfindung.
X f) Sie betrieb nur den minimalsten Aufwand.

a) Das ist der ideale Beruf für dich.
c) Das entspricht in keiner Weise den Erwartungen.
d) Er war der einzige Junge in der Gruppe.
f) Sie betrieb nur den minimalen Aufwand.

AB 24 Steigerung von zusammengesetzten Adjektiven

Aufgabe 1
a) Zusammengesetzte Adjektive müssen immer auch doppelt gesteigert werden. Deshalb muss immer sowohl der vordere als auch der hintere Teil gesteigert werden, damit beide Teile gesteigert werden.
b) Zusammengesetzte Adjektive können nicht doppelt gesteigert werden. Deshalb darf hier nur ein Teil der Zusammensetzung gesteigert werden, und zwar in der Regel der vordere Teil.

Aufgabe 2
a) Dies ist die nächstliegende (nächstliegende/nächstliegendste) Apotheke.
b) Sie kam auf die schnellstmögliche (schnellstmögliche/schnellstmöglichste) Weise.
c) Das ist das meistverkaufte (meistverkaufte/meistverkaufteste) Gerät.
d) Er zeigte größtmöglichen (größtmöglichen/größtmöglichsten) Einsatz.

© Birgit Lascho: Nachdenken über Sprache mit Gewinn, Unterrichtsmaterialien zur Reflexion über Sprache, Kopiervorlagen für die Klassenstufen 5-10, 2016.

Aufgabe 3
a) Das ist die meistgelesene (meist + gelesen) Zeitung.
b) Das ist das bestbewährte (best + bewährt) Produkt.
c) Er fuhr an der nächstgelegenen (nächst + gelegen) Abfahrt ab.
d) Dies stellt die bestmögliche (best + möglich) Lösung dar.

AB 25 Bildung von Farbadjektiven

Aufgabe 1
a) die blauen Hosen   b) die blauen Blusen   c) die blauen Hemden
d) die türkisfarbenen Hosen   e) die türkisfarbenen Blusen   f) die türkisfarbenen Hemden
Es geht um Farbadjektive.

Aufgabe 2
An die Formen von „türkis" wird im Gegensatz zu den Formen von „blau" das Wort „farben" eingefügt.

Aufgabe 3
a) o r s a: rosa   b) i l l a: lila   c) m e c r e: creme
d) v e o l i: olive   e) e r c k o: ocker   f) i n k p: pink
g) n a c c o g: cognac h) i n u: uni

Aufgabe 4
X a) Sie trug ein pinkes T-Shirt.
☐ b) Er hat sich einen unifarbenen Kittel gekauft.
X c) Sie besitzt eine lilane Handyhülle.
X d) Er sucht seinen oliven Hut.
☐ e) Sie hat sich eine ockerfarbige Tasche gekauft.
X f) Er trägt einen cremen Gürtel.

Aufgabe 5
a) Sie trug ein pinkfarbenes/pinkfarbiges T-Shirt.
c) Sie besitzt eine lilafarbene/lilafarbige Handyhülle.
d) Er sucht seinen olivefarbenen/olivefarbigen Hut.
f) Er trägt einen cremefarbenen/cremefarbigen Gürtel.

AB 26-28 Wörter mit wörtlicher und übertragener Bedeutung 1-3

Aufgabe 1
a) Der Chef hat den Joghurt schon kaltgestellt.
   kaltgestellt = an einen kühlen Ort verbringen
b) Der Chef hat seinen Mitarbeiter kaltgestellt.
   kaltgestellt = bewusst nicht beachten
c) Er hatte einen Kater, der schwarz war und Felix hieß.
   einen Kater haben = ein männliches Haustier der Gattung Katze besitzen
d) Er hatte einen Kater, nachdem er gestern zu viel Alkohol getrunken hatte.
   einen Kater haben = Kopfschmerzen aufgrund übermäßigen Alkoholgenusses haben

Aufgabe 2
Die Bedeutungen unterscheiden sich bei ein- und demselben Wort und bei ein- und derselben Wortgruppe.

© Birgit Lascho: Nachdenken über Sprache mit Gewinn, Unterrichtsmaterialien zur Reflexion über Sprache, Kopiervorlagen für die Klassenstufen 5-10, 2016.

Aufgabe 3
- den Joghurt kaltstellen
  kaltstellen: wörtliche Bedeutung im Sinne von an einen kühlen Ort verbringen
- eine Person kaltstellen
  kaltstellen: übertragene Bedeutung im Sinne von bewusst nicht beachten
- einen Kater haben, der schwarz ist und Felix heißt
  einen Kater haben: wörtliche Bedeutung im Sinne von ein männliches Haustier der Gattung Katze besitzen
- einen Kater haben nach dem Genuss von Alkohol
  einen Kater haben: übertragene Bedeutung im Sinne von Kopfschmerzen aufgrund übermäßigen Alkoholgenusses haben

Aufgabe 4
In der deutschen Sprache gibt es also Wörter und Wortgruppen, die neben ihrer wörtlichen Bedeutung noch eine übertragene Bedeutung haben. Dies sollte einem beim Lesen von Texten bewusst sein.
Vom Vorliegen einer wörtlichen Bedeutung spricht man, wenn es sich um die wirkliche Bedeutung handelt, wie zum Beispiel bei „glattbügeln" im Sinne von „mit dem Bügeleisen die Falten glätten". Vom Vorliegen einer übertragenen Bedeutung spricht man dagegen, wenn es sich um eine nicht wörtlich gemeinte Bedeutung handelt, wie zum Beispiel bei „glattbügeln" im Sinne von „in Ordnung bringen".

Aufgabe 5
a) - Anna hat einen Vogel, denn sie hat ihr Handy aus dem Fenster geworfen.
    Einen Vogel haben: übertragene Bedeutung im Sinne von:
        verrückt sein
  - Anna hat einen Vogel, der Hansi heißt.
    einen Vogel haben: wörtliche Bedeutung im Sinne von
        ein Tier der Gattung Vogel haben
b) - Julia hat die Nudeln weichgekocht, so dass man die Nudeln leicht mit der Gabel zertrennen kann.
    weichkochen: wörtliche Bedeutung im Sinne von
        in einen weichen Zustand versetzen
  - Julia hat Ben weichgekocht, so dass er nun doch hilft.
    weichkochen: übertragene Bedeutung im Sinne von
        zum Nachgeben bringen

Aufgabe 6
a)ü Das Lernen ist ihm schon immer schwergefallen.
b)w Den Draht musst du noch geradebiegen.
c)ü Lea hat wohl eine Meise, wenn sie so einen Unsinn erzählt.
d)ü Er hat gestern in der Schule blaugemacht.
e)ü Die Polizei hat die gesamte Beute sichergestellt.
f)w Er hat einen neuen Hund, der Bello heißt.
g)w Wir müssen noch die Aufgabe 7 fertigmachen.
h)ü Diesen Betrieb werden sie vermutlich als Nächstes stilllegen.
i)ü Du solltest lieber nicht schwarzfahren.
j)w Lass uns die Tomaten noch kleinschneiden.

AB 29-30 Euphemismen 1-2

Aufgabe 1 und 2
☐ Gestern hat der Magistrat die Errichtung einer neuen Müllkippe am nördlichen Stadtrand beschlossen, um auch in Zukunft sicherzustellen, dass der in der Stadt anfallende Müll an einem Ort gelagert werden kann.
X Gestern hat der Magistrat die Errichtung eines neuen Wertstoffhofes am nördlichen Stadtrand beschlossen, um auch in Zukunft sicherzustellen, dass die in der Stadt anfallenden Wertstoffe an einem Ort gelagert werden können.

Aufgabe 3
Ich habe mich für den zweiten Satz entschieden, weil „Wertstoffe" und „Wertstoffhof" positiver klingen als „Müll" und „Müllkippe".

© Birgit Lascho: Nachdenken über Sprache mit Gewinn, Unterrichtsmaterialien zur Reflexion über Sprache, Kopiervorlagen für die Klassenstufen 5-10, 2016.

Aufgabe 4
Euphemismen (Beschönigungen) dienen dazu, Unangenehmes oder als unanständig Geltendes zu verhüllen, indem dieses durch beschönigende Worte umschrieben wird. Außerdem dienen Euphemismen der Aufwertung von als gering Angesehenem.

Aufgabe 5
X ist heimgegangen
X ist sanft entschlafen
☐ ist unerwartet verstorben
X ist abberufen worden
☐ ist umgekommen
X ist friedlich eingeschlafen

Aufgabe 6
a) Zweitfrisur = Perücke
b) Seniorenresidenz = Altenheim
c) Herausforderung = Problem
d) Beitragsanpassung = Beitragserhöhung
e) Kundeninformation = Werbung
f) Fahrzeitverlängerung = Verspätung
g) letzte Ruhestätte = Grab
h) Abortprinzessin = Toilettenfrau
i) in die Jahre kommen = alt werden
j) Gesundheitskasse = Krankenkasse
k) kostenintensiv = teuer
l) Kriegsschauplatz = Schlachtfeld
m) eine Ehrenrunde drehen = sitzen bleiben
n) Stilles Örtchen = Toilette

Aufgabe 7
a) Hairstylist = Friseur
b) Landwirt = Bauer
c) Pflegefachkraft = Altenpflegerin
d) Serviererin = Kellnerin
e) Facility-Manager = Hausmeister
f) Raumpflegerin = Putzfrau
g) Außendienstmitarbeiter = Vertreter
h) Raumausstatter = Tapezierer

Aufgabe 8
a) Unsere Seniorenresidenz bietet Ihnen umfassende Betreuung.
b) Wir werden Sie demnächst über die Beitragsanpassung informieren.
c) Unser geliebter Opa ist sanft entschlafen/heimgegangen/abberufen worden/friedlich eingeschlafen.
d) Diese Behandlung ist sehr kostenintensiv.
e) Er hat dieses Schuljahr eine Ehrenrunde gedreht.
f) Die Landwirte sind besorgt um ihre Ernte.

AB 31-32 Sprachliche Bilder 1-2

Aufgabe 1
a) ☐ Mit diesen Worten bereitete Jana ihrem Freund unsäglich großen Kummer.
   X Mit diesen Worten brach Jana ihrem Freund das Herz.
b) ☐ Der Ohrring ist so winzig, wir suchen ihn hier, ohne große Erfolgsaussichten zu haben.
   X Der Ohrring ist so winzig, wir suchen ihn hier wie eine Stecknadel im Heuhaufen.
c) ☐ Er benahm sich sehr ungeschickt.
   X Er benahm sich wie ein Elefant im Porzellanladen.

Aufgabe 2
Wortwiederholungen   sprachliche Bilder   Nominalisierungen

Aufgabe 3
Durch den Einsatz von sprachlichen Bildern kann man in erzählenden Texten Sachverhalte anschaulicher gestalten. Dasselbe gilt auch für Berichte mit unterhaltendem Charakter, wie Reiseberichte und auch Zeitungsberichte, sofern sie in erster Linie dazu dienen, den Leser zu unterhalten und nicht vordringlich sachlich und kurz zu informieren, wie zum Beispiel Unfallberichte.

Aufgabe 4
a) am Ball bleiben: an einer Sache dran bleiben
b) den Nagel auf den Kopf treffen: genau das Richtige sagen
c) wie ein Elefant trampeln: laut auftreten beim Laufen
d) sich aus dem Staub machen: sich entfernen
e) die Hände in den Schoß legen: nichts tun
f) etwas durch die rosarote Brille sehen: etwas zu positiv beurteilen

Aufgabe 5
a) Sie ist momentan begriffsstutzig./Sie begreift es gerade nicht.
b) Wir müssen sparen bei den Ausgaben für Bildung.
c) Er hat die besten Möglichkeiten für seine Karriere.
d) Der Mann gab seine wahre Absicht zu erkennen.

Aufgabe 6
Eine Natter ist eine Schlange und hat deshalb keine Füße.

Aufgabe 7
a) ☐ Er versuchte mit dem Kopf durch die Wand zu rennen.
b) X Auf dem Titelblatt verbirgt sich eine faustdicke Zeitungsente.
c) X Sie betrachtete die Sache im Licht der dunklen Zukunft.
d) ☐ Wie sich bei der Sache herausstellte, hatte er auf das richtige Pferd gesetzt.
e) X Die Bürger legten dem Ortsvorsteher den Hundedreck im Ort warm ans Herz.
f) X Sie beklagt sich, man habe ihr den Bären, der einem anderen aufgebunden worden sei, in die Schuhe geschoben.
g) ☐ Die Sache wuchs ihm über den Kopf. h) X Das ist der Gipfel der Erniedrigung.
i) ☐ Er saß mit ihm im selben Boot. j) X Ein zündendes Echo war zu hören.

AB 33-37 Redewendungen 1-5

Aufgabe 1 und 3
a) Sie zogen sich die Schlittschuhe an und sie <u>führte ihn aufs Glatteis</u> am Bürgersteig.
   (Gebrauch in <u>wörtlicher</u> Bedeutung)
--) jemand Männliches mit Schlittschuhen an wird von einer weiblichen Person, die ebenfalls Schlittschuhe anhat, auf das Glatteis geführt, das sich am Bürgersteig befindet
b) Sie überlegte sich ein paar verfängliche Fragen und <u>führte ihn aufs Glatteis</u> mit diesen.
   (Gebrauch in <u>übertragener</u> Bedeutung)
--) eine männliche Person wird von einer weiblichen Person, die sich ein paar verfängliche Fragen überlegt hat, überlistet

Aufgabe 2
Der Ausdruck hat in den Sätzen eine unterschiedliche Bedeutung.

Aufgabe 4
a) Sie zogen sich die Schlittschuhe an und sie führte ihn auf die glatte Eisfläche.
b) Sie überlegte sich ein paar verfängliche Fragen und führte ihn auf die glatte Eisfläche mit diesen.

Aufgabe 5
Den ersten Satz kann man noch genauso wie vorher verstehen, beim zweiten Satz hingegen ist nicht mehr zu verstehen, was vorher gemeint war.

Aufgabe 6
☐ Satz 1   X Satz 2

Aufgabe 7
Bei Redewendungen handelt es sich um <u>feststehende</u> Ausdrücke, die eine <u>übertragene</u> Bedeutung aufweisen. Diese muss der Leser erst entschlüsseln, um sie zu verstehen. Redewendungen kommen häufig in der Umgangssprache und in erzählenden Texten vor. Einige Redewendungen finden aber auch in der Hochsprache Verwendung. Redewendungen beinhalten zum Teil sprachliche Bilder, weshalb Redewendungen helfen, Texte anschaulicher zu gestalten. Für manche Leser bedeuten das Erkennen und die Entschlüsselung von Redewendungen jedoch eine besondere Hürde, wenn ihnen die Redewendungen und deren Bedeutung unbekannt sind. Dies sollte man bei der Verwendung von Redewendungen im Blick behalten.

© Birgit Lascho: Nachdenken über Sprache mit Gewinn, Unterrichtsmaterialien zur Reflexion über Sprache, Kopiervorlagen für die Klassenstufen 5-10, 2016.

Aufgabe 8
a) X Er hat einen Kater, nachdem er gestern in der Kneipe war.
b) X An dieser Aufgabe habe ich mir die Zähne ausgebissen.
c) X Wir müssen jetzt zusehen, wie wir die Kuh vom Eis kriegen.
d) ☐ Sie hat einen Kater, der heißt Pepsi.
e) X Dieser Mann hatte eine Menge am Kerbholz.
f) ☐ Er bekam Herzrasen.

Aufgabe 9
a) sich auf dem Holzweg befinden
b) im Trüben fischen
c) mit Zitronen handeln
d) auf den Zahn fühlen
e) ins Schwarze treffen
f) mit dem Zaunpfahl winken
g) mit allen Wassern gewaschen sein
h) die rote Laterne
i) jemanden oder einer Sache Paroli bieten

Aufgabe 10
a) aus allen Wolken fallen: völlig überrascht sein
b) die Zügel schleifen lassen: nachlässig sein, die Disziplin vernachlässigen
c) aus einer Mücke einen Elefanten machen: etwas maßlos übertreiben
d) da beißt die Maus keinen Faden ab: das ist unabänderlich, daran ist nicht zu rütteln
e) jemanden einen Maulkorb verpassen: jemanden an der Meinungsäußerung hindern
f) jemanden oder etwas in den Schatten stellen: jemanden bei Weitem übertreffen
g) zu neuen Ufern aufbrechen: sich neuen Zielen zuwenden
h) in den roten Zahlen sein: Verluste machen
i) für jemanden böhmische Dörfer sein: mit etwas nichts anfangen können, weil man es nicht versteht
j) im gleichen Boot sitzen: gemeinsam in derselben schwierigen Lage sein
k) auf dem hohen Ross sitzen: seine Überheblichkeit ablegen
l) aus der Versenkung wieder auftauchen: plötzlich wieder in Erscheinung treten
m) jemanden auf den Wecker gehen: jemand lästig werden
n) etwas über Bord werfen: etwas aufgeben, endgültig fallen lassen

Aufgabe 11
a) Haare auf den Zähnen haben
   (sich durch sein Mundwerk gut behaupten können)

b) Tomaten auf den Augen haben
   (etwas nicht sehen, bemerken)

c) den Kopf in den Sand stecken
   (eine Gefahr nicht wahrhaben wollen, der Wirklichkeit ausweichen)

d) unter den Teppich kehren
   (etwas vertuschen, unterdrücken, beiseite schieben)

e) jemanden in die Zange nehmen
   (jemanden unter Druck setzen, ihm mit Fragen zusetzen)

f) die Katze im Sack kaufen
   (etwas ungeprüft übernehmen, kaufen, ohne es gesehen zu haben, und dabei übervorteilt/betrogen werden)

AB 38-42   Fremdwörter 1-5

Aufgabe 1
a) Nach der langen Wanderung mit schwerem Gepäck waren sie
   physisch (psychisch/physisch) erschöpft.
b) Wir wollen nächstes Jahr noch mehr von unseren Waren aus Deutschland in
   asiatische Länder exportieren (importieren/exportieren).
c) Er hat die Markise (Marquise/Markise) am Balkon herunter
   gelassen, damit die Blumen dort vor der Sonne geschützt sind.
d) Sie setzten sich auf die Couch (Coach/Couch) im Wohnzimmer.
e) Der Artist führte dem Zirkuspublikum einen beeindruckenden
   Salto (Salto/Saldo) vor.

Aufgabe 2
a) c u C o h : Couch = Sofa
b) a h c o C : Coach = Trainer
c) l d S o a : Saldo = Differenz zwischen Soll- und Habenseite beim Konto
d) o S l a t : Salto = kompletter Überschlag in der Luft
e) s i p h y h c s : physisch = körperlich
f) h c s c h i p s y : psychisch = seelisch
g) k i M s e a r : Markise = Sonnenschutzrollo
h) q u i a r M s e : Marquise = Bezeichnung für adlige Markgräfin in Frankreich
i) p o r i m r e n t i e : importieren = ins Land einführen
j) t i e p o r r e n e x : exportieren = aus dem Land ausführen

Aufgabe 4

Aus dem Griechischen	Aus dem Lateinischen	Aus dem Englischen	Aus dem Französischen	Aus dem Italienischen
physikalisch	qualifizieren	Match	Expertise	Expresso
physisch	importieren	Couch	Markise	Saldo
psychisch	exportieren	Coach	Marquise	Salto

Aufgabe 5
Es handelt sich um Fremdwörter.

Aufgabe 6
☐ Diese Wörter werden alle großgeschrieben.
X Diese Wörter enthalten aus einer fremden Sprache Bestandteile, die in der Aussprache, der Schreibweise, der Flexion (Beugung) oder Wortbildung nicht angepasst sind.
☐ Diese Wörter sind alle aus zwei Substantiven zusammengesetzt.

Aufgabe 7
Das Wort „Spaghetti" beschreibt genauer, was gemeint ist, und ist zudem kürzer.

Aufgabe 8
Das Wort „Spaghetti" wurde als Fremdwort ins Deutsche übernommen, weil es in Deutschland keine Bezeichnung für diese spezielle Art von Nudeln gab.

Aufgabe 9
☐ Umgangssprache   ☐ Kindersprache   X Wissenschaftssprache

Aufgabe 10
Er ist vermutlich seelisch krank, da er sich ständig unglücklich und mutlos fühlt.

Aufgabe 11
Menschen mit geringerer Sprachbildung verstehen den Satz, in dem das Fremdwort „psychisch" durch „seelisch krank" ersetzt wurde, besser. Die Verwendung von Fremdwörtern kann problematisch sein, da manchmal nicht jedem die Bedeutung von Fremdwörtern geläufig ist und man ähnlich klingende Fremdwörter leicht verwechseln kann.

Aufgabe 12
☐ das Fremdwort einfach verwenden und in einer Fußnote den Hinweis geben, dass der Leser es im Fremdwörterduden nachschlagen kann
☐ in Klammern dahinter vermerken, aus welcher Sprache das Fremdwort stammt, damit der Leser gezielt in einem Wörterbuch nachschlagen kann
X bei der ersten Verwendung erklären, was damit gemeint ist

© Birgit Lascho: Nachdenken über Sprache mit Gewinn, Unterrichtsmaterialien zur Reflexion über Sprache, Kopiervorlagen für die Klassenstufen 5-10, 2016.

Aufgabe 13
Herkunftssprache   Kennzeichen

aus dem Griechischen	th	ph	y	rh	ik
	Thema	Physik	System	Rhetorik	Logik
	Theorie	Phänomen	Psychologie	Rharbarber	Optik
	Theater	Strophe	Hymne	Rheuma	Pädagogik
	Athlet	Atmosphäre	Lyrik	Rhetor	Musik
	Thron	euphorisch	Dynamit	rhetorisch	Kritik
aus dem Italienischen	-ieren	-ismus	-iv	-ent	tion
	addieren	Organismus	passiv	Kompliment	Situation
	exportieren	Sozialismus	explosiv	Student	Intention
	studieren	Kommunismus	massiv	Dirigent	Addition
	qualifizieren	Realismus	aktiv	Element	Operation
	diskutieren	Terrorismus	kursiv	permanent	Reaktion
aus dem Englischen	-y	-oo	-ing	-ea	-oa
	Hobby	Shampoo	Mobbing	Jeans	Coach
	Party	Pool	Pudding	Reader	Download
	Baby	cool	Recycling	Headphones	Roadmovie
	Pony	Tatoo	Hairstyling	Team	Trenchcoat
	Rowdy	Looping-bahn	Bowling	Beat	Kickboard
aus dem Französischen	-age	-eur/-euse	-é	-eau	-oi
	Blamage	Friseur	Café	Niveau	Toilette
	Etage	Monteur	Décolleté	Plateau	Croissant
	Garage	Malheur	Negligé	Tableau	Pissoir
	Visage	Installateur	Exposé	Rondeau	Trottoir
	Hommage	Friteuse	Resumé	Manteau	Pointe
aus dem Italienischen	gh	cch	zz	cc	gn
	Spaghetti	Zucchini	Pizza	Capuccino	Lasagne
	Ghetto	Pinocchio	Skizze	Stracciatella	Signora
	Pizza funghi	Latte macchiato	Razzia	Prosecco	Signore
	Spaghettieis	Stracchino	Paparazzo	Focaccia	Signorina
	Ghettoisierrung	Cnocchi-Gericht	Mozzarella	Zuccotto	Signorino

AB 43-45 Fachsprache 1-3

Aufgabe 1
<u>Mit dem Skype-Programm über das Internet telefonieren</u> ist vor allem bei Auslandsgesprächen günstiger als das normale Telefonieren. Um mehr Informationen zu erhalten, klicken Sie bitte mit Ihrem <u>Mauszeiger</u> auf die <u>kleine Schaltfläche zum Auslösen</u> und geben dort Ihre <u>Adresse für den elektronischen Briefkasten</u> ein. Wir werden Ihnen dann umgehend weitere Informationen <u>per Internet schicken</u> und eine Anleitung, wie unser Dienst funktioniert, als <u>Anhang</u> beifügen, den Sie sich ganz einfach <u>herunterladen</u> können.
<u>Skypen</u> ist vor allem bei Auslandsgesprächen günstiger als das normale Telefonieren. Um mehr Informationen zu erhalten, klicken Sie bitte mit Ihrem <u>Cursor</u> auf den <u>Button</u> und geben dort Ihre <u>E-Mail-Adresse</u> ein. Wir werden Ihnen dann umgehend weitere Informationen <u>mailen</u> und eine Anleitung, wie unser Dienst funktioniert, als Attachement beifügen, das Sie sich ganz einfach <u>downloaden</u> können.

Aufgabe 2
Die Begriffe stammen aus dem Bereich Computer.

Aufgabe 3
☐ Umgangssprache   X Fachsprache   ☐ Jugendsprache

© Birgit Lascho: Nachdenken über Sprache mit Gewinn, Unterrichtsmaterialien zur Reflexion über Sprache, Kopiervorlagen für die Klassenstufen 5-10, 2016.

Aufgabe 4
|Textversion 1| Textversion 2

Aufgabe 5
☐ der erste Begriff in Textversion 1   X der erste Begriff in Textversion 2

Aufgabe 6
a) Desktop: Arbeitsfläche am Computermonitor
b) chatten: elektronisch in Echtzeit über das Internet kommunizieren
c) Backup: Datensicherung auf einem anderen Datenträger
d) scrollen: die Ansicht der Internetseite mit dem Balken am rechten Rand nach oben oder unten bewegen

Aufgabe 7
Für diese Fachbegriffe gibt es keine anderen Ausdrücke zur Beschreibung.

Aufgabe 8
Fachbegriffe bezeichnen etwas genauer und treffender sowie weniger umständlich und sind zudem kürzer. Für das, was sie bezeichnen, gibt es in der deutschen Sprache oft keinen anderen Begriff, deshalb sind sie notwendig. Für Menschen, die von der Sache weniger Ahnung haben, sind Fachbegriffe jedoch oft schwerer verständlich.

Aufgabe 9
a) User: <u>Nutzer</u>   d) Account: <u>Konto</u>
b) Flatscreen: <u>Flachbildschirm</u>   e) booten: <u>hochfahren des Computers</u>
c) Blog: <u>Internettagebuch</u>   f) online: <u>im Netz sein</u>

Aufgabe 10
a) Wir können die Dokumente auch mittels eines Scanners, der die Daten abfotografiert, in den Computer einlesen.
b) Wir müssen das Betriebssystem des Computers noch auf den aktuellen Stand bringen.

AB 46-50 Behördensprache 1-5

Aufgabe 1 und 2
a) Brandortbegehung: <u>Besichtigung eines Brandortes</u>
b) Fahrtrichtungsanzeiger: <u>Blinker</u>
c) Lichtzeichenanlage: <u>Ampel</u>
d) Zuzahlungsbewilligungsbescheid: <u>amtliche Zusage einer Zahlung</u>
e) Vermögenslosigkeit: <u>Armut</u>
f) raumübegreifendes Großgrün: <u>Baum</u>
g) Schließzangen: <u>Handschellen</u>
h) Einzelpersonenbeförderungseinheit: <u>Fahrzeug für Personen</u>
i) Etagenbegehungshilfe: <u>Treppe</u>
j) Personenvereinzelungsanlage: <u>Drehkreuz zum Durchgehen</u>
k) raufutterverzehrende Großvieheinheit: <u>Kuh</u>
l) Ladungsverluste: <u>Gegenstände, die von einem LKW fallen</u>
m) Spontanvegetation: <u>wild wachsende Pflanzen/Unkraut</u>
n) Fußgängerfurt: <u>Zebrastreifen/Fußgängerampel</u>
o) Versagen: <u>Ablehnung</u>
p) nicht lebende Einfriedung: <u>Zaun</u>   Art von Sprache, an die die Begriffe erinnern: <u>Behördensprache</u>

Aufgabe 3
☐ a) Der Gemeinderat hat einstimmig einen Beschluss über die Erneuerung der sich im Bürgerhaus befindlichen Bestuhlung gefasst.
X b) Der Gemeinderat hat einstimmig beschlossen, die Stühle zu erneuern, die sich im Bürgerhaus befinden.

Aufgabe 4
Behördensprache

Aufgabe 5
hat einen Beschluss gefasst: hat beschlossen
Bestuhlung: Stühle
über die Erneuerung: zu erneuern
die sich im Bürgerhaus befindlichen: sich im Bürgerhaus befinden

Aufgabe 6
Die Substantive „Bestuhlung" und „Erneuerung" weisen die Endung „-ung" auf.

Aufgabe 7
In der Behördensprache wird oft der Nominalstil verwendet, bei dem Verben zu Substantiven umgeformt werden. Viele substantivierte Verben tragen dann die Endung „-ung" wie in dem Beispielsatz das Wort „Erneuerung", so dass es oft zu einer Häufung von Wörtern mit „-ung" kommt.
Außerdem werden in der Behördensprache häufig Funktionsverbgefüge verwendet, das sind feste Verbindungen aus bestimmten Verben wie „kommen, fassen" oder anderen Verben mit Substantiven, wie in dem Beispielsatz das Funktionsverbgefüge „hat einen Beschluss gefasst".
Darüber hinaus werden in der Behördensprache oft unnötig lange Begriffe für Substantive verwendet, wie bei dem Beispielsatz das Wort „Bestuhlung" für „Stühle".
Zudem kommen im Behördendeutsch häufig Partizipien anstelle von Relativsätzen vor wie in dem Beispielsatz das Partizip „die sich im Bürgerhaus befindlichen".
Damit solche Behördentexte besser verständlich werden, sollte man:
a) substantivierte Verben vermeiden, indem man diese durch Verben mit Infinitivkonstruktionen ersetzt, wie zum Beispiel „Erneuerung" durch „zu erneuern", oder je nach Sinn durch andere Verbkonstruktionen mit „werden" ersetzt
b) Funktionsverbgefüge durch Verben ersetzen, wie zum Beispiel „hat einen Beschluss gefasst" durch „hat beschlossen"
c) kurze Substantive für unnötig lange Begriffe verwenden, wie zum Beispiel „Stühle" anstelle von „Bestuhlung"
d) Partizipien durch Relativsätze ersetzen, wie zum Beispiel „die sich im Bürgerhaus befindlichen" durch „die sich im Bürgerhaus befinden".

Aufgabe 8
a) Sehhilfe: Brille
b) Geldmittel: Geld
c) Briefsendung: Brief
d) Beförderungsdokument: Fahrkarte/Fahrausweis/Fahrschein
e) Zielsetzung: Ziel
f) Ausweisdokument: Pass

Aufgabe 9
a) zum Abschluss bringen: abschließen
b) Gültigkeit besitzen: gelten
c) in Verwahrung nehmen: verwahren
d) in Rechnung stellen: berechnen
e) in Zweifel ziehen: bezweifeln
f) einen Antrag stellen: beantragen
g) Mitteilung machen: mitteilen
h) das Versprechen geben: versprechen
i) Fragen stellen: fragen
j) unter Beweis stellen: beweisen
k) in Anspruch nehmen: beanspruchen
l) Unterstützung gewähren: unterstützen

Aufgabe 10
a) Es ist nicht einfach, diese Frage zu beantworten.
b) Das Gesetz soll bald in Kraft gesetzt werden.
c) Die Kosten müssen noch berechnet werden.
d) Die Behörde denkt darüber nach, einen Sachverständigen hinzuzuziehen.
e) Die Gemeinde hat bereits beschlossen, das Grundstück zu bebauen.
f) Wer diese Vorschrift nicht beachtet, wird hart bestraft.

Aufgabe 11
a) Das Schwimmbad, das sich bereits im Bau befindet, soll erheblich teurer werden als geplant.
b) Der Bauausschuss, der alle zwei Wochen tagt, wird auf seiner nächsten Sitzung über den Antrag entscheiden.
c) Dieses Verfahren, das bereits vor drei Jahren in unserer Gemeinde eingeführt wurde, hat sich bisher gut bewährt.
d) Für die drei Mieter, die in dem Haus verblieben sind, müssen umgehend Ersatzwohnungen gesucht werden.

Aufgabe 12
a) Der Antrag, den Herr Müller bereits vor 6 Monaten eingereicht hat, ist noch immer nicht bearbeitet.
b) Die Ökopartei hat in der Stadtverordnetenversammlung beantragt, die Preise für Fahrkarten im öffentlichen Nahverkehr zu senken.

AB 51-53 Jugendsprache 1-3

Aufgabe 1, 2 und 3
a) <u>Hab</u> zu dieser Zeit Basketballtraining.
   <u>Ich habe</u> zu dieser Baketballtraining.
b) Der Rucksack gehört mir, <u>ischwör</u>.
   Der Rucksack gehört mir, <u>ehrlich</u>.
c) Dann Ferhats Brüder <u>sind</u> gekommen.
   Dann <u>sind</u> Ferhats Brüder gekommen.
d) Ich bin Sportplatz.
   Ich bin <u>am</u> Sportplatz.
--) Die Sätze erinnern einen an Jugendsprache.

Aufgabe 4
Merkmale von Jugendsprache
- Ortsangabe ohne Artikel und Präposition
   Beispiel: <u>Ich bin Sportplatz.</u>
- Verkürzungen
   Beispiel: <u>Hab zu dieser Zeit Basketballtraining.</u>
- Gebrauch von unflektierbaren (im Satz unveränderbaren) Partikeln wie „lassma", „musstu", „ischwör", „gibs"
   Beispiel: <u>Der Rucksack gehört mir, ischwör.</u>
- Abweichende Wortstellungsmuster
   Beispiel: <u>Dann Ferhats Brüder sind gekommen.</u>

Aufgabe 5
a) Hast du Schirm? --) <u>Wegfall von Artikeln</u>
b) Kann da nicht Fußball spielen. --) <u>Wegfall von Personalpronomen</u>
c) Zehlendorf weit weg. --) <u>Wegfall von Verben</u>
d) Isch frag mein Mutter. --) <u>Wegfall von Flexionsendungen</u>

Aufgabe 6
a) <u>Musstu Hausmeister</u> fragen.
   ☐ Ortsangabe ohne Artikel und Präposition   X Verkürzungen
   X Gebrauch von unflektierten Partikeln   ☐ Abweichende Wortstellungsmuster
b) Wir <u>gehen Schillerpark</u>.
   X Ortsangabe ohne Artikel und Präposition   ☐ Verkürzungen
   ☐ Gebrauch von unflektierten Partikeln   ☐ Abweichende Wortstellungsmuster
c) Isch <u>such mein</u> Schwester.
   ☐ Ortsangabe ohne Artikel und Präposition   X Verkürzungen
   ☐ Gebrauch von unflektierten Partikeln   ☐ Abweichende Wortstellungsmuster
d) Dann Kemals Freunde <u>sind</u> gekommen <u>mit Auto</u>.
   ☐ Ortsangabe ohne Artikel und Präposition   X Verkürzungen
   ☐ Gebrauch von unflektierten Partikeln   X Abweichende Wortstellungsmuster
e) <u>Lassma Kino</u> gehen!
   X Ortsangabe ohne Artikel und Präposition   ☐ Verkürzungen
   X Gebrauch von unflektierten Partikeln   ☐ Abweichende Wortstellungsmuster
f) <u>Geh Neukölln Arkaden</u>, danach <u>isch muss</u> zu <u>mein</u> Vater.
   X Ortsangabe ohne Artikel und Präposition   X Verkürzungen
   ☐ Gebrauch von unflektierten Partikeln   X Abweichende Wortstellungsmuster

© Birgit Lascho: Nachdenken über Sprache mit Gewinn, Unterrichtsmaterialien zur Reflexion über Sprache, Kopiervorlagen für die Klassenstufen 5-10, 2016.

Aufgabe 7
Ortsangabe ohne Artikel und Präposition = Ortsang. O. Art. u. Präp.
Verkürzungen = Verkürz.
Gebrauch von unflektierten Partikeln = Gebr. v. unflekt. Part.
Abweichende Wortstellungsmuster = abw. Wortst.
a) Isch geh Schule.   --)Ortsang. o. Art. u. Präp., Verkürz.
b) Danach die sind U-Bahnhof gerannt.   --)abw. Wortst., Ortsang. o. Präp. u. Art.
c) Die Jacke war teuer, Alter, ischwör.   --)Gebr. v. unflekt. Part.
d) Ey, wir sollen Aula gehen!   --)Ortsang. o. Art. u. Präp.
e) Hast du Fahrkarte?   --)Verkürz.
f) Irgendwann im Biologieunterricht isch fang an zu schlafen, ischwöre.
   --)Ortsang. o. Art. u. Präp., Gebr. v. unflekt. Part.

Aufgabe 8

Verwendung von Jugendsprache erlaubt	Verwendung von Jugendsprache nicht erlaubt
E-Mail an jugendliche Freunde	Schulaufsatz
SMS an jugendliche Freunde	Schreiben an Behörden
privates Gespräch mit Jugendlichen	Gespräch mit Eltern und Lehrern
Disko	Unterricht

AB 54-57   Sprachwandel: Wörter und ihre gewandelte Bedeutung 1-4

Aufgabe 1
Die Bedeutung verändert sich von „Hütte, Verschlag" zu „Behältnis".

Aufgabe 2 und 4
a) Bedeutungserweiterung
--) Die ursprüngliche Bedeutung im Sinne von „nichts gegessen oder getrunken haben" wurde um „keinen Alkohol getrunken haben, kahl, langweilig, schmucklos sein" und „sachlich, ohne Beteiligung des Gefühls oder der Fantasie" erweitert.
b) Bedeutungsverengung
--) Die ursprüngliche Bedeutung im Sinne von „Fest jeglicher Art" sowie „Herrlichkeit und Freude" und „Beilager von Eheleuten" wurde auf das Fest bei der Heirat von Eheleuten eingeengt.

Aufgabe 3
„Nüchtern" bekommt neue Bedeutungen hinzu, während „Hochzeit" heute weniger Bedeutungen hat als früher und auch nur noch ein bestimmtes Fest bezeichnet und nicht mehr alle möglichen Feste.

Aufgabe 5

Wort	ursprüngliche Bedeutung	heutige Bedeutung	Art der Bedeutungsveränderung
fertig	-zur Fahrt bereit, reisefertig	-bereit, fertig für alles Mögliche -zu Ende bringen	Bedeutungserweiterung
toll	-dumm, töricht, übermütig	-dumm, töricht, übermütig -schlimm -begeisternd, aufregend, schön	Bedeutungserweiterung
gerben	-fertig machen -garen	-zu Leder verarbeiten	Bedeutungsverengung
Wirtschaft	-Bewirtung	-Bewirtung, Bedienung von Gästen -Gaststätte -Hauswirtschaft -Gesamtheit der Einrichtungen und Vorgänge, die mit der Produktion, dem Handel und dem Konsum von Waren und Gütern im Zusammenhang stehen	Bedeutungserweiterung
Geschirr	-alle Arten von Gefäßen -alle Arten von Geräten -alle Arten von Vorrichtungen	-Haushaltsgegenstände aus Porzellan und Steingut -Riemenzeug der Zugtiere	Bedeutungsverengung
Mut	-Gemüt, Stimmung -Denken, Geist -Hochmut -Hoffnung -Tapferkeit, Entschlossenheit	-Tapferkeit, Entschlossenheit	Bedeutungsverengung
Frau	-Herrin, Dame von Stand	-gnädige Frau -erwachsene Person weiblichen Geschlechts	Bedeutungserweiterung
fahren	-fahren -sich fortbewegen, laufen, wandern, reiten, schwimmen -sich befinden	-fahren	Bedeutungsverengung

Aufgabe 6

Wort	ursprüngliche Bedeutung	heutige Bedeutung	Positiver oder negativer Bedeutungswandel
Weib	-weibliche erwachsene Person -Frau niederen Standes -Ehefrau -Hausfrau	-weibliche erwachsene Person -Frau mit unangenehmer Verhaltensweise -Schimpfwort für eine Frau	Bedeutungsverschlechterung
Minister	-Diener, Dienstbote	-Mitglied einer Regierung, das für bestimmten Bereich verantwortlich ist	Bedeutungsverbesserung
Dirne	-Mädchen -Magd -Dienerin	-Prostituierte	Bedeutungsverschlechterung
Marschall	-Pferdeknecht	-Militärangehöriger mit hohem Rang	Bedeutungsverbesserung

Aufgabe 7

Begriff	herkömmliche Bedeutung	neuere Bedeutung
Maus	kleines Nagetier	Gerät, um den Cursor auf dem Bildschirm zu positionieren
Galerie	Säulengang	Ausstellungsraum, Kunsthandlung
Speicher	Lager, Dachboden	Vorrichtung an elektronischen Geräten zum Aufbewahren von Daten
Roboter	Fronarbeiter, schwer arbeitender Mensch	Maschinenmensch
Strom	fließendes Gewässer	Elektrizität
Trojaner	Einwohner von Troja	schädliche Datei, die sich an andere Software anhängt und durch Mails eingeschleust wird
Schimmel	Pilzbelag	weißes Pferd

Aufgabe 8
a) Zug
X Bedeutungserweiterung   □ Bedeutungsverengung   □ Bedeutungsverschiebung
□ Bedeutungsverschlechterung   □ Bedeutungsverbesserung

b) Kanzler
□ Bedeutungserweiterung   □ Bedeutungsverengung   □ Bedeutungsverschiebung
□ Bedeutungsverschlechterung   X Bedeutungsverbesserung

c) Mähre
□ Bedeutungserweiterung   □ Bedeutungsverengung   □ Bedeutungsverschiebung
X Bedeutungsverschlechterung   □ Bedeutungsverbesserung

d) Laden
X Bedeutungserweiterung   □ Bedeutungsverengung   X Bedeutungsverschiebung
□ Bedeutungsverschlechterung   □ Bedeutungsverbesserung

e) Arbeit
X Bedeutungserweiterung   □ Bedeutungsverengung   □ Bedeutungsverschiebung
□ Bedeutungsverschlechterung   □ Bedeutungsverbesserung

AB 58-59 Sprachwandel: Vom Kommen und Gehen von Wörtern 1-2

Aufgabe 1
a) □ Ich kann ihn mit dem Münzfernsprecher anrufen und Bescheid sagen.
   X Ich kann ihn mit dem Smartphone anrufen und Bescheid sagen.
b) □ Wir könnten den Brief mit der Schreibmaschine tippen.
   X Wir könnten den Brief mit dem Laptop tippen.

Aufgabe 2
Heute telefoniert man eher mit einem Smartphone, Münzfernsprecher gibt es kaum noch, und Briefe tippt man eher mit dem Laptop als mit der Schreibmaschine.

Aufgabe 3
Stromausfall |technischer Fortschritt| deutsche Wiedervereinigung

Aufgabe 4
a) Ersatz durch Anglizismen: Abspielgerät --) Player
b) Aufwertung aufgrund gesellschaftlichen Umdenkens: Sonderschule --) Förderschule
c) Ersatz aufgrund historisch-politischen Umdenkens : Reichskristallnacht --) Reichspogromnacht

Aufgabe 5
a) fernmündlich: telefonisch
b) Lichtspielhaus: Kino
c) Oheim: Onkel
d) Fräulein: Frau
e) Erdapfel: Kartoffel
f) Badeanstalt: Schwimmbad
g) Kavalier: Gentleman
h) geschwind: schnell
i) Backfisch: weiblicher Teenager
j) Wachtmeister: Polizist
k) Base: Cousine
l) Nietenhose: Jeans
m) Ingrimm: Zorn
n) Muhme: Tante
o) Tante-Emma-Laden: kleiner Gemischtwarenladen
p) Sommerfrische: Urlaub
q) Junggeselle: lediger Mann
r) Barbier: Friseur

Aufgabe 6
a) In der Mitte des Weihers schwamm eine Entenfamilie mit fünf Jungen.
b) Diese Kugel war der Prinzessin besonders hold.
c) Am Markt konnten sie ihre Waren feilbieten.
d) Dieser Bereich oblag dem Schreinergesellen.
e) Ein solches Vorgehen war dem Prinzen nicht genehm.
f) Bitte kommen Sie auf die Polizeidienststelle behufs der Klärung einer Angelegenheit.

Aufgabe 7
a) In der Mitte des Teiches schwamm eine Entenfamilie mit fünf Jungen.
b) Diese Kugel war der Prinzessin besonders lieb und teuer.
c) Am Markt konnten sie ihre Waren günstig verkaufen.
d) Dieser Bereich lag in der Zuständigkeit des Schreinergesellen.
e) Ein solches Vorgehen gefiel dem Prinzen nicht.
f) Bitte kommen Sie auf die Polizeidienststelle zum Zwecke der Klärung einer Angelegenheit.

AB 60-61 Scheinanglizismen 1-2

Aufgabe 1
Sie stammen wahrscheinlich aus dem Englischen.

Aufgabe 2
Die Wörter haben im Englischen eine ganz andere Bedeutung als im Deutschen und im Englischen gibt es ganz andere Begriffe dafür.

Aufgabe 3
☐ ja   X nein

Aufgabe 4
Scheinanglizsimen (n e m s i z i l g n a n i e h c S)

Aufgabe 5

Anglizismen	Scheinanglizismen
Bodyguard	Smoking
Copyright	Oldtimer
Flyer	Partnerlook
Shop	Shooting Star
Song	Showmaster
Headline	Hometrainer
	Tramper
	Back factory

© Birgit Lascho: Nachdenken über Sprache mit Gewinn, Unterrichtsmaterialien zur Reflexion über Sprache, Kopiervorlagen für die Klassenstufen 5-10, 2016.

AB 62-66 Stilblüten 1-5

Aufgabe 1
Ich reagiere mit Humor auf die Sätze, da die Sätze fehlerhaft sind.

Aufgabe 2
Stilblüten entstehen vor allem durch:
1) <u>Falsche Wortwahl</u>
   Beispiel: Bevor der Mann seine Angel in den See warf, machte er am Haken einen dicken Köter fest.
2) <u>Falscher Satzbezug</u>
   Beispiel: Wenn meine Oma Wäsche macht, helfen wir ihr, legen sie in den Korb, tragen sie auf den Speicher und hängen sie auf.
3) <u>Inhaltlich falscher Bezug</u>
   Beispiel: Hunde sollten um Mitternacht ins Haus, Katzenhalter den ganzen Silvestertag.
4) <u>Doppeldeutigkeit</u>
   Beispiel: Leider bekomme ich keine Katze, weil meine Mutter einen Vogel hat.

Aufgabe 3
Satz 1: <u>Köter bedeutet Hund, an die Angel macht man jedoch einen Köder.</u>
Satz 2: <u>Das Wort „sie" bezieht sich auf Oma, die legt man jedoch weder in den Korb, trägt sie auf den Speicher noch hängt man sie auf, das ist nur mit Wäsche möglich.</u>
Satz 3: <u>Der Satz sagt aus, dass Katzenhalter den ganzen Silvestertag ins Haus sollten, logischerweise sollten jedoch nur deren Tiere den ganzen Tag eingesperrt werden.</u>
Satz 4: <u>Der Ausdruck „einen Vogel haben" ist doppeldeutig, er kann neben der gemeinten wortwörtlichen Lesart „einen Vogel besitzen" auch bedeuten, dass jemand nicht vernünftig denkt.</u>

Aufgabe 4
<u>Doppeldeutigkeit</u> und <u>falscher Satzbezug</u>

Aufgabe 5
Statt „seine Eier" besser: <u>dessen Ostereier/die Ostereier des Osterhasen</u>

Aufgabe 6
a) Der Papst lebt im <u>Vakuum</u>.
b) Wir fordern Sie auf, den Hund unverzüglich und <u>unverzehrt</u> zurückzubringen, ansonsten erfolgt eine Anzeige.
c) Der Polizist rettete sich mit einem <u>Seitensprung</u>.
d) Luther schlug seine 95 <u>Prothesen</u> 1517 an die Schlosskirche zu Wittenberg.

a) Der Papst lebt im Vatikan.
b) Wir fordern Sie auf, den Hund unverzüglich und unversehrt zurückzubringen, ansonsten erfolgt eine Anzeige.
c) Der Polizist rettete sich mit einem Sprung zur Seite.
d) Luther schlug seine 95 Thesen 1517 an die Schlosskirche zu Wittenberg.

Aufgabe 7
a) Empörte Bauern aus Diepholz trieben Schweine vor den Bundestag. Landwirtschaftsminister Borchert sprach mit den Bauern.
b) Die Beschuldigte warf der Anzeigenerstatterin eine Bierdose an den Kopf, wobei die Anzeigenerstatterin eine Verletzung, leichte Beule, erhielt.
c) Prüfen Sie bitte meine Versicherungsbeitragsquittungen für meine fünf Kinder, die Quittungen liegen dem Brief als Anlage bei.
d) Jedes Jahr im Herbst beginnt die große Wanderung, bei der die Bauern mit ihren Rindern ins Tal ziehen, damit die Rinder geschlachtet werden können.

Aufgabe 8
a) Das Wetter kann vielen einen Strich durch die Rechnung machen.
b) Jetzt müssen wir nur noch das Eiweiß vom Dotter trennen.
c) Auch Tierbesitzer, die sich aus gesundheitlichen Gründen nicht um ihre Haustiere kümmern können, bringen ihre Tiere ins Tierheim.
d) Für solche faulen Ausreden müssen Sie sich einen Dummen suchen, aber den werden Sie kaum finden.

Aufgabe 9
a) Dr. Müller hat mir neue Zähne eingesetzt, die zu meiner Zufriedenheit geraten sind/ mit denen ich zufrieden bin.
b) Die stolzen Burgfräuleins warteten auf ihre Ritter, die zum Kampf ausgezogenen waren.
c) Das Wetter bleibt sonnig, was die Wirte freut, die ihre Geldgeschäfte/Umsätze draußen machen.
d) Die Kastelruther Spatzen schafften es alleine, die Bühne zu füllen.

Aufgabe 10
☐ a) Bei dieser Angelegenheit solltest du nicht aus einer Mücke einen Elefanten machen.
X b) Wenn jemand in der Familie erkrankt ist, sollte man Bad und Toilette infizieren.
X c) Der Viehhändler hatte mit seinem Transporter den Zaun angefahren. Das Schwein konnte erst später eingefangen werden.
X d) Neben Prunksälen hatten die Ritter auch heizbare Frauenzimmer.
☐ e) Die Anzahl der Touristen, die in den Sommermonaten nach Berlin kommen, wächst ständig.
X f) Wie sich herausstellte, war das Pferd von der Weide ausgebüxt. Es wurde schließlich zusammen mit seiner Besitzerin wieder eingefangen.
X g) Sie haben mir das Grüne vom Ei versprochen.
X h) Unter der Herrschaft Papst Impotenz III. erreichte das Papsttum seine Blüte.
X i) Seit der Trennung von meinem Mann wurde der notwendige Verkehr durch meinen Rechtsanwalt erledigt.
☐ j) In den letzten fünf Jahren wurde eine Vielzahl von Bahnhöfen erneuert, die nun in hellem Glanz erstrahlen.
X k) Wer Vogelstimmen hören und zuordnen will, der sollte eigentlich schon vor dem Aufstehen in den Wald gehen.
☐ l) In jüngster Zeit verabschieden sich immer mehr Bundesländer von der verkürzten Schulzeit in den gymnasialen Bildungsgängen, um den Jugendlichen wieder mehr Zeit zum Lernen zu ermöglichen.

b) Wenn jemand in der Familie erkrankt ist, sollte man Bad und Toilette desinfizieren.
c) Der Viehhändler hatte mit seinem Transporter den Zaun angefahren. Sein Schwein konnte erst später eingefangen werden.
d) Neben Prunksälen gab es für die Ritter auf den Burgen auch die heizbaren Zimmer der Frauen.
e) Wie sich herausstellte, war das Pferd von der Weide ausgebüxt. Es wurde schließlich mit Hilfe seiner Besitzerin wieder eingefangen.
g) Sie haben mir das Gelbe vom Ei versprochen.
h) Unter der Herrschaft Papst Innozenz III. erreichte das Papsttum seine Blüte.
i) Seit der Trennung von meinem Mann wurde der notwendige Schriftverkehr durch meinen Rechtsanwalt erledigt.
k) Wer Vogelstimmen hören und zuordnen will, der sollte eigentlich schon vor der gewöhnlichen Aufstehzeit/, bevor man gewöhnlich aufsteht, in den Wald gehen.

AB 67-68 Überschriften 1-2

Aufgabe 1
a) Fluggäste ärgern sich über Gebühr.
   Fluggäste ärgern sich über zu bezahlende Abgabe
   Fluggäste ärgern sich übermäßig
b) Manche Tiere riechen gut.
   Manche Tiere haben einen angenehmen Geruch
   Manche Tiere können gut riechen, haben einen guten Geruchssinn
c) China richtet die meisten Menschen hin.
   China richtet am meisten Menschen hin im Vergleich mit anderen Ländern
   China richtet die Mehrheit seiner Menschen hin

Aufgabe 2
Die Überschriften haben jeweils zwei unterschiedliche Bedeutungen.

Aufgabe 3
Bei der Formulierung einer Überschrift sollte man unbedingt darauf achten, dass die Formulierung sprachlich eindeutig ist.

Aufgabe 4
☐ Paketbote von Hund gebissen
X Mann stellt sich nach Schuss auf Frau
☐ Polizisten gehen ab jetzt in blauer Uniform auf Streife
☐ Jugendlicher raubt Seniorin Handtasche
X Straßenmüll nicht unter den Tisch kehren
☐ Paketbote von Schäferhund angefallen
X Angeklagter vom Vorwurf der Tierquälerei von zwei Ochsen freigesprochen
☐ Mann stellt sich bei der Polizei nach Schuss auf Frau
☐ Jugendlicher entwendet Seniorin Handtasche
☐ Straßenmüllproblem nicht unter den Tisch kehren
X Polizisten gehen ab jetzt blau auf Streife
☐ Angeklagter vom Vorwurf, Tierquälerei an zwei Ochsen begangen zu haben, freigesprochen

Aufgabe 5
Mann stellt sich nach Schuss auf Frau: 1) Ein Mann schießt und stellt sich danach auf seine Frau
2) Ein Mann stellt sich bei der Polizei nach einem Schuss auf eine Frau.
Straßenmüll nicht unter den Tisch kehren: 1) Der Müll, den man auf der Straße gefunden hat, soll man nicht mit dem Besen oder Feger unter den Tisch kehren.
2) Das Problem mit dem Straßenmüll soll nicht verheimlicht/ außer Acht gelassen / beiseite geschoben werden.
Angeklagter vom Vorwurf der Tierquälerei von zwei Ochsen freigesprochen:
1) Zwei Ochsen haben den Angeklagten vom Vorwurf der Tierquälerei freigesprochen
2) Der Angeklagte wurde vom Vorwurf, Tierquälerei an zwei Ochsen begangen zu haben, freigesprochen.
Polizisten gehen ab jetzt blau auf Streife: 1) Polizisten gehen von nun an betrunken auf Streife.
2) Polizisten gehen von nun an in blauer Uniform auf Streife.

Aufgabe 6
a) Haftstrafen für Zerstückelung von Leiche
b) Müllsammeln und anschließend gemeinsames Essen im Gasthof

Aufgabe 7
X a)Polizei umstellt Haus mit Tatverdächtigen   ☐ b)Schwerer Unfall auf Stadtautobahn
☐ c)Bauarbeiter stürzt von Kran in die Tiefe   X d)Anwohner sollen Autos beschädigen
X e)Drei Jahre Haft für toten Polizeihund   X f)Falscher Polizist verurteilt
X g)Polizisten fahren Telefonzelle umgehend an
X h)Jeder dritte Bürger Bonns ist ein EU-Bürger

a)Polizei umstellt Haus mit Tatverdächtigen drin
d)Anwohner sollen angeblich Autos beschädigen
e)Drei Jahre Haft für die Tötung eines Polizeihundes
f)Täter, der als falscher Polizist auftrat, verurteilt
g)Polizisten fahren umgehend zu Telefonzelle
h)Jeder dritte Bürger Bonns stammt aus einem anderen EU-Land

AB 69-70 Holzwegsätze mit „und" oder „oder" 1-2

Aufgabe 1
a) ☐ Er schnitt die Paprika und seine Freundin bereitete die Salatsoße zu.
   X Er schnitt die Paprika, und seine Freundin bereitete die Salatsoße zu.
b) ☐ Wir warten auf euch oder die Kinder machen sich schon auf den Weg.
   X Wir warten auf euch, oder die Kinder machen sich schon auf den Weg.

Aufgabe 2
a) Er schnitt die Paprika <u>und seine Freundin</u> bereitete die Salatsoße zu.
b) Wir warten auf euch <u>oder die Kinder</u> machen sich schon auf den Weg.

Aufgabe 3
Dass „und" und „oder" bei den Sätzen verleitet einen zu der Annahme, „seine Freundin" und „die Kinder" würden noch zu dem ersten Satz gehören.

Aufgabe 4
Man kann vor „und" und „oder" ein Komma setzen.

Aufgabe 5
a)Ich rief meinen Opa, und meine Oma kam herbei.
b)Sie traf sich mit ihrer Schwester, und deren Freundin war auch mitgekommen.
c)Ich fotografierte das Meer, und meine Frau saß im Strandkorb.
d)Die Referentin schimpfte auf die Stadtverwaltung, und das Publikum klatschte Beifall.
e)Wir fragen Dirk, oder Maik holt den Stadtplan.
f)Ihr benötigt morgen das Übungsheft, und das Buch könnt ihr zu Hause lassen.

Aufgabe 6
X a)Er zeichnete einen Elefanten und seine Schwester las ein Buch.
☐ b)Wir fragen sie oder er ruft sie an.
☐ c)Ich brate Kartoffeln und er kümmert sich um das Fleisch.
☐ d)Er streichelte die Katze und der Hund blickte ihn eifersüchtig an.
X e)Wir gehen ohne ihn oder sie ruft noch einmal an.
☐ f)Sie traf sich mit ihrem Freund und ihre Eltern waren auch mitgekommen.
X g)Wir fragen den Kleinen oder die Schwester sucht die Mutter.
☐ h)Sie rief nach ihrer Mutter und ihr Vater kam herein.
☐ i)Wir fahren ohne sie oder er sucht noch einmal nach ihr.
X j)Der Schulleiter lobte die Schüler und die Eltern begannen laut zu klatschen.

Aufgabe 7
a)Er zeichnete einen Elefanten, und seine Schwester las ein Buch.
e)Wir gehen ohne ihn, oder sie ruft noch einmal an.
g)Wir fragen den Kleinen, oder die Schwester sucht die Mutter.
j)Der Schulleiter lobte die Schüler, und die Eltern begannen laut zu klatschen.

© Birgit Lascho: Nachdenken über Sprache mit Gewinn, Unterrichtsmaterialien zur Reflexion über Sprache, Kopiervorlagen für die Klassenstufen 5-10, 2016.

Hilfekarten

Hilfekarte Nr. 1 zu Aufgabe 4	--) AB 1

Tipp: Du musst 14 Wörter unterstreichen.

Hilfekarte Nr. 2 zu Aufgabe 5	--) AB 1

Tipps: - Sorte geht mit allem

       - es gibt Speiseeis und normales Eis, so dass es hier mehrere Möglichkeiten gibt

Hilfekarte Nr. 3 zu Aufgabe 4	--) AB 2

Tipp: Du musst 18 Wörter ankreuzen.

Hilfekarte Nr. 4 zu Aufgabe 4	--) AB 3

Folgende Wörter können dir bei der Bewältigung der Aufgabe helfen:

Kugelschreibermine, Besenstiel, Waisenkind, Gitarrensaite, Brotlaib, Universitätslehrveranstaltung

Hilfekarte Nr. 5 zu Aufgabe 5	--) AB 4

Tipps:

- „Staubecken" kann ein „Becken zum Stauen" meinen oder „staubige Ecken"

- „Versendung" kann das „Verschicken" meinen oder die „Endung eines Verses"

- „Streikende" kann das „Ende eines Streikes" meinen oder „Menschen, die streiken"

Hilfekarte Nr. 6 zu Aufgabe 6	--) AB 6

Tipps:

- Du musst folgende Wörter untereinander notieren:

Holzhaustür, Holzhasenstall, Kindergartenmöbel, Porzellankatzennapf

- es gibt Hasen aus Holz zum Hinstellen, insbesondere für die Osterzeit

- es gibt Katzen aus Porzellan zum Hinstellen

Hilfekarte Nr. 7 zu Aufgabe 7	--) AB 8

Tipp: Unterstreiche dir zuerst alle Endungen und suche dann mit Hilfe der Regel den passenden Artikel heraus.

Hilfekarte Nr. 8 zu Aufgabe 5 --) AB 9

Tipp: Unterstreiche dir bei allen Wörtern zuerst das letzte Substantiv und ermittle dann den passenden Artikel.

Hilfekarte Nr. 9 zu Aufgabe 4 --) AB 11

Tipp: Die Großbuchstaben sind die Anfangsbuchstaben in den Buchstabensalaten.

Hilfekarte Nr. 10 zu Aufgabe 5 --) AB 11

Hier sind die Artikel vorgegeben, du musst sie nur noch bei dem richtigen Wort auf deinem Arbeitsblatt notieren.

der/das Biotop – die/der Salbei – der/das Ketschup – der/das Virus – der/das Laptop –

der/das Mus – die/das Soda – die/das E-Mail

Hilfekarte Nr. 11 zu Aufgabe 6 --) AB 11

Tipp: Unterstreiche dir zunächst die Substantive und notiere dir dann die möglichen Artikel hinter den Satz, bevor du den nicht möglichen fehlerhaften Artikel durchstreichst.

Hilfekarte Nr. 12 zu Aufgabe 7 --) AB 13

Die folgenden Wörter aus dem Kasten helfen dir, du musst sie nur richtig zuordnen und die passenden Artikel dafür suchen.

Leiter – Band – Mangel – See – Tau – Junge

Hilfekarte Nr. 13 zu Aufgabe 5 --) AB 14

Die folgenden Bedeutungserklärungen helfen dir, du musst sie nur noch richtig zuordnen.

daran vorbei fliegen – einkesseln – ans andere Ufer gelangen – etwas zurückholen –

woandershin befördern – zu Boden fallen – in eine andere Sprache übertragen –

noch einmal machen

Tipp:

Das Verb wird vorne betont, wenn es in der dritten Person Singular (er/sie/es) Präsens (Gegenwart) trennbar ist (Beispiel: er fährt es um), und hinten betont, wenn es dort nicht trennbar ist (Beispiel: er umfährt es).

Hilfekarte Nr. 14 zu Aufgabe 5 --) AB 16

Tipp: Schlage im Wörterbuch nach, wenn du unsicher bist. Bei manchen Wörterbüchern sind die unregelmäßigen Formen hinten in einer Tabelle aufgelistet, bei anderen Wörterbüchern findest du die unregelmäßigen Formen direkt bei den Verben notiert.

Hilfekarte Nr. 15 zu Aufgabe 1 --) AB 17

Tipp: Unterstreiche zuerst die Verbformen, dann kannst du sie leichter vergleichen.

Hilfekarte Nr. 16 zu Aufgabe 3 --) AB 20

Die vorgegebenen Bedeutungserläuterungen helfen dir, du musst sie nur noch richtig zuordnen.

vorwerfen, beschuldigen – überfahren, umlegen, niederdrücken – sich unter etwas begeben –

überschreiten, mehr Geld abheben als am Konto ist – anziehen –

ausweichen, daneben vorbeifahren, darum herumfahren

Hilfekarte Nr. 17 zu Aufgabe 6 --) AB 23

Tipp: Du musst vier Sätze ankreuzen.

Hilfekarte Nr. 18 zu Aufgabe 2 --) AB 24

Tipp: Du musst immer das vordere Wort aus der Klammer wählen.

Hilfekarte Nr. 19 zu Aufgabe 3 --) AB 25

Der angegebene erste Buchstabe kann dir beim Auffinden des gesuchten Farbadjektivs helfen.

a)r b)l c)c d)o e)o f)p g)c h)u

Hilfekarte Nr. 20 zu Aufgabe 5 --) AB 25

Tipp: Du musst vier Sätze verbessert aufschreiben, und zwar Satz a, c, d und f.

Hilfekarte Nr. 21 zu Aufgabe 1 --) AB 26

Die folgenden Bedeutungserklärungen helfen dir, du musst sie nur richtig zuordnen.

Kopfschmerzen aufgrund übermäßigen Alkoholgenusses haben – bewusst nicht beachten – an einen kühlen Ort verbringen – ein männliches Haustier der Gattung Katze besitzen

© Birgit Lascho: Nachdenken über Sprache mit Gewinn, Unterrichtsmaterialien zur Reflexion über Sprache, Kopiervorlagen für die Klassenstufen 5-10, 2016.

Hilfekarte Nr. 22 zu Aufgabe 7 --) AB 30

Die folgenden Wörter helfen dir, du musst sie nur richtig zuordnen.

Vertreter – Kellnerin – Friseur – Tapezierer – Altenpflegerin – Putzfrau – Hausmeister – Bauer

Hilfekarte Nr. 23 zu Aufgabe 4 --) AB 31

Die folgenden Begriffserklärungen helfen dir, du musst sie nur richtig zuordnen.

laut auftreten beim Laufen – an einer Sache dran bleiben – nichts tun – genau das Richtige sagen – etwas zu positiv beurteilen – sich entfernen

Hilfekarte Nr. 24 zu Aufgabe 1 --) AB 33

Die beiden Bedeutungserklärungen helfen dir, du musst sie nur richtig zuordnen.

eine männliche Person wird von einer weiblichen Person, die sich ein paar verfängliche Fragen überlegt hat, überlistet

jemand Männliches mit Schlittschuhen an wird von einer weiblichen Person, die ebenfalls Schlittschuhe anhat, auf das Glatteis geführt, das sich am Bürgersteig befindet

Hilfekarte Nr. 25 zu Aufgabe 8 --) AB 34

Die folgenden Redewendungen mit Erläuterungen helfen dir, lies sie dir deshalb durch.
- etwas am Kerbholz haben = schon einiges begangen haben, was unerlaubt ist
- die Kuh vom Eis kriegen = ein Problem lösen
- einen Kater haben = Kopfschmerzen nach dem übermäßigen Genuss von Alkohol haben
- sich die Zähne ausbeißen = große Anstrengungen unternehmen müssen

Hilfekarte Nr. 26 zu Aufgabe 11 --) AB 37

Die folgenden Redewendungen mit Erläuterungen helfen dir, lies sie dir deshalb durch.
- jemanden in die Zange nehmen = jemanden unter Druck setzen, ihm mit Fragen zusetzen
- Haare auf den Zähnen haben = sich durch sein Mundwerk gut wehren können
- die Katze im Sack kaufen = etwas ungeprüft übernehmen, kaufen, ohne es gesehen zu haben, und dabei übervorteilt/betrogen werden
- unter den Teppich kehren = etwas vertuschen, unterdrücken, beiseite schieben
- den Kopf in den Sand stecken = eine Gefahr nicht wahrhaben wollen, der Wirklichkeit ausweichen
- Tomaten auf den Augen haben = etwas nicht sehen, bemerken

Hilfekarte Nr. 27 zu Aufgabe 4 --) AB 39

Tipp: Die Endungen helfen dir dabei

© Birgit Lascho: Nachdenken über Sprache mit Gewinn, Unterrichtsmaterialien zur Reflexion über Sprache, Kopiervorlagen für die Klassenstufen 5-10, 2016.

Hilfekarte Nr. 28 zu Aufgabe 14 --) AB 41

Tipp:

Die Bedeutung der Wörter „Pizza funghi", „Zucchini", „Latte macchiato", „Stracchino", „Cnocchi-Gericht", „Mozzarella", „Capuccino", „Stracciatella", „Prosecco", „Focaccia", „Zuccotto", bei denen es sich alles um Bezeichnungen für Gerichte und Getränke aus Italien handelt, findest du am besten mit Hilfe einer Suchmaschine im Internet heraus. Die übrigen Begriffe sind im Fremdwörterbuch erklärt.

Hilfekarte Nr. 29 zu Aufgabe 9 --) AB 45

Die folgenden Begriffe und Ausdrücke helfen dir bei der Bewältigung der Aufgabe. Du musst die Ausdrücke nur richtig zuordnen.

hochfahren des Computers – Internettagebuch – im Netz sein – Flachbildschirm – Konto – Nutzer

---

Hilfekarte Nr. 30 zu Aufgabe 8 --) AB 49

Die folgenden Begriffe helfen dir bei der Bewältigung der Aufgabe. Du musst die Begriffe nur richtig zuordnen.

Pass – Brille – Brief – Ziel – Geld – Fahrschein

Hilfekarte Nr. 31 zu Aufgabe 10 --) AB 49

Du kannst bei den einzelnen Sätzen folgende Ersetzungsmöglichkeiten für die Substantive mit „-ung" verwenden:
a) Infinitivkonstruktion mit „zu"
b) Verbkonstruktion mit „soll ... werden"
c) Verbkonstruktion mit „muss ... werden"
d) Infinitivkonstruktion mit „zu"
e) Infinitivkonstruktion mit „zu"
f) Satz mit „wer ..." und Verbkonstruktion mit „werden"

Hilfekarte Nr. 32 zu Aufgabe 6 --) AB 52

Tipp:

Schreibe die Sätze auf einen extra Zettel mit jeweils zwei Zeilen Abstand. Notiere dir nun unter jedem Satz den Satz noch einmal in hochdeutscher Version und vergleiche dann die beiden Versionen miteinander und markiere dir die Unterschiede. So kannst du leichter erkennen, welche Merkmale von Jugendsprache vorliegen.

© Birgit Lascho: Nachdenken über Sprache mit Gewinn, Unterrichtsmaterialien zur Reflexion über Sprache, Kopiervorlagen für die Klassenstufen 5-10, 2016.

Hilfekarte Nr. 33 zu Aufgabe 7 --) AB 53

Tipp:

Schreibe die Sätze auf einen extra Zettel mit jeweils zwei Zeilen Abstand. Notiere dir nun unter jedem Satz den Satz noch einmal in hochdeutscher Version und vergleiche dann die beiden Versionen miteinander und markiere dir die Unterschiede. So kannst du leichter erkennen, welche Merkmale von Jugendsprache vorliegen.

Hilfekarte Nr. 34 zu Aufgabe 7 --) AB 56

Die folgenden Begriffe helfen dir bei der Bewältigung der Aufgabe. Du musst die Ausdrücke nur richtig zuordnen.

Trojaner – Speicher – Maus – Schimmel – Strom – Galerie – Roboter

---

Hilfekarte Nr. 35 zu Aufgabe 7 --) AB 59

Bei der Bewältigung der Aufgabe kannst du die erläuterten Formulierungen zur Hilfe nehmen, die du nur richtig zuordnen musst.

jemandem genehm sein = jemandem gefallen – jemandem hold sein = jemandem lieb und teuer sein – behufs = zum Zwecke – Weiher = Teich – jemandem obliegen = in die Zuständigkeit von jemandem fallen – feilbieten = günstig anbieten/verkaufen

---

Hilfekarte Nr. 36 zu Aufgabe 5 --) AB 67

Tipp: Markiere dir zuerst alle Wörter, bei denen der englische Begriff genauso lautet wie das deutsche Fremdwort, und trage diese Wörter in die Spalte Anglizismen ein. Alle anderen Wörter sind dann keine Anglizismen und gehören deshalb in die Spalte Scheinanglizismen.

Hilfekarte Nr. 37 zu Aufgabe 5 --) AB 61

Tipp: Beschreibe, um welche Art von Eiern es geht.

Hilfekarte Nr. 38 zu Aufgabe 6 --) AB 64

Die folgenden Formulierungshilfen helfen dir bei der Bewältigung der Aufgabe. Lies dir Ausdrücke durch und ordne sie dem jeweils richtigen Satz zu.

Sprung zur Seite – unversehrt – Thesen – Vatikan

Hilfekarte Nr. 39 zu Aufgabe 7	--) AB 64

Tipps:
Aufgabe a und b: Ersetze das Pronomen durch die gemeinte Person.
Aufgabe c: Forme den zweiten Satz in einen nebengeordneten Satz um und benenne, dass die Quittungen dem Brief beiliegen.
Aufgabe d: Ersetze den Satz mit „um" durch einen Satz mit „damit" und benenne, wer geschlachtet werden soll.

Hilfekarte Nr. 40 zu Aufgabe 6	--) AB 68

Tipp:
Missverständliche Wortgruppen kann man folgendermaßen ersetzen, indem man:
- ein missverständliches Partizip in einer Nominalgruppe durch ein entsprechendes Substantiv ersetzt
  Beispiel: Haftstrafe für misshandeltes Kind --) Haftstrafe für Misshandlung eines Kindes
- ein bedeutungsverfeinerndes Wort ergänzt und den grammatischen Bezug, der inhaltlich irreführend ist, durch Umformung eines Wort in eine andere Wortart beseitigt
  Beispiel: Schmutzbeseitigen und gemeinsam frühstücken --) Schmutzbeseitigen und anschließend gemeinsames Frühstück
- Adjektiv und Substantiv durch einen näher erläuternden Relativsatz ersetzt
  Beispiel: Falscher Arzt angeklagt --) Täter, der als falscher Arzt auftrat, angeklagt
- bei einer missverständlichen Behauptung „angeblich" ergänzt
  Beispiel: Jugendliche sollen Mülltonnen anzünden --) Jugendliche sollen angeblich Mülltonnen anzünden
- bei missverständlichen Zahlenangaben andere sprachliche Formulierungen wählt
  Beispiel: Jeder dritte Berliner ist ein Nicht-Berliner --) Jeder dritte Berliner stammt nicht aus Berlin
- bei missverständlichen Verben die Präposition durch eine andere ersetzt
  Beispiel: Feuerwehr fährt brennendes Haus sofort an --) Feuerwehr fährt sofort zu brennendem Haus

Hilfekarte Nr. 41 zu Aufgabe 5	--) AB 69

Tipp: Setze vor „und" oder „oder" jeweils ein Komma.

Literatur

- Wilfried Ahrens: Der Unfallort hat sich bereits entfernt. Juristische Stilblüten. Beck Verlag, München 2002.
- Wilfried Ahrens: Der Polizist rettete sich durch einen Seitensprung, Neue juristische Stilblüten. Beck Verlag, München 2008.
- Wilfried Ahrens: Der Angeklagte trägt die Kisten des Verfahrens, Die neuesten juristischen Stilblüten. Beck Verlag, München 2010.
- Karl-Dieter Bünting: Auf gut Deutsch, Was ist richtiges Deutsch? Grammatik, Was ist gutes Deutsch? Stil, Perfekt in der Rechtschreibung, Richtiges Deutsch für Büro, Alltag, Beruf und Schule. Honos Verlag, Zug o. J..
- Ines/Balcik/JürgenFolz/Klaus Röhe: Pons, Perfektes Deutsch, Der Ratgeber in sprachlichen Zweifelsfällen. Ponsverlag, Stuttgart 2009.
- Ines Balcik/Klaus Röhe/Verena Wrobel: Pons, Die große Grammatik. Ponsverlag, Stuttgart 2009.
- Dudenredaktion (Hrsg.): Duden, Richtiges und gutes Deutsch, Das Wörterbuch der sprachlichen Zweifelsfälle. Dudenverlag, Mannheim 2011.
- Dudenredaktion (Hrsg.): Duden, Die Grammatik. Dudenverlag, Mannheim 2011.
- Dudenredaktion (Hrsg.): Duden, Das Fremdwörterbuch. Dudenverlag, Mannheim 1990.
- Dudenredaktion (Hrsg.): Duden, Etymologie, Herkunftswörterbuch der deutschen Sprache. Dudenverlag, Mannheim 1963.
- Dudenredaktion (Hrsg.): Duden, Das Bedeutungswörterbuch, Wortbildung und Wortschatz. Dudenverlag, Mannheim 1985.
- Dudenredaktion (Hrsg.): Duden, Redewendungen. Dudenverlag, Mannheim 2008.
- Duden, Rechtschreibung und Grammatik – leicht gemacht. Bibliographisches Institut, Mannheim 2007.
- Duden, Im Zweifel für den Genitiv, Die meistgestellten Fragen an die Dudenredaktion, bearbeitet von Evelyn Knörr. Brockhaus Verlag, Mannheim 2008.
- Norbert Golluch: Stirbt ein Bediensteter während der Dienstreise, so ist damit die Dienstreise beendet, Meisterleistungen der Beamtensprache. Eichborn Verlag, Frankfurt/M. 2010.
- Gerhard Helbig/Joachim Buscha: Deutsche Grammatik. Ein Handbuch für den Ausländerunterricht. Langenscheidt, München 2001.
- Beate Hennig: Kleines Mittelhochdeutsches Wörterbuch. Max Niemeyer Verlag, Tübingen 1993.
- Hans Jürgen Heringer: Grammatik und Stil, Praktische Grammatik des Deutschen. Cornelsen Verlag, Berlin 1995.
- Hans Jürgen Heringer: Kleine deutsche Grammatik, Sprachwissen, Stil, Rechtschreibung. Cornelsen Verlag, Berlin 1997.
- Walter Heuer/Max Flückinger/Peter Gallmann: Vollständige Grammatik und Rechtschreiblehre. Verlag Neue Züricher Zeitung, Zürich 2007.
- Anja Kelle: Duden, Stilsicher schreiben. Bibliographisches Institut, Mannheim 2010.
- Hans Lobentanzer: Deutsch muß nicht schwer sein, Eine vergnügliche Sprach- und Stilkunde. Dtv, München 1986.
- Hinrich Lührssen: RAUMÜBERGREIFENDES GROSSGRÜN, Der kleine Übersetzungshelfer für Beamtendeutsch. Rowohlt Verlag, Reinbek bei Hamburg 2010.
- Rita Mielke: Duden, Der phänomenale Sprachfragenbeantworter. Duden Verlag, Berlin 2014.
- Christoph Pollmann/Ulrike Wolk: Pons, Wörterbuch der verwechselten Wörter, 1000 Zweifelsfälle verständlich erklärt. Ponsverlag, Stuttgart 2010.
- Ernst Röhl: Wörtliche Betäubung, Neuhochdeutscher Wortschatz. Eulenspiegel Verlag, Berlin 1986.
- Lutz Röhrich: Lexikon der sprichwörtlichen Redensarten. Herder Verlag, München 1994.
- Helga Schmidt: Stilblüten aus Politik, Sport, Schule und Medien. Sammüller Kreativ GmbH, Fränkisch-Crumbach 2007.
- Rudolf Schützeichel: Althochdeutsches Wörterbuch. Max Niemeyer Verlag, Tübingen 1995.
- Bastian Sick: Happy Aua, Ein Bilderbuch aus dem Irrgarten der deutschen Sprache. Verlag Kiepenheuer & Witsch, Köln 2007.
- Bastian Sick: Happy Aua, Ein Bilderbuch aus dem Irrgarten der deutschen Sprache 2. Verlag Kiepenheuer & Witsch, Köln 2008.
- Bastian Sick: Hier ist Spaß garantiert, Ein Bilderbuch aus dem Irrgarten der deutschen Sprache. Verlag Kiepenheuer & Witsch, Köln 2010.

- Bastian Sick: Wir braten Sie gern! Ein Bilderbuch aus dem Irrgarten der deutschen Sprache. Verlag Kiepenheuer & Witsch, Köln 2013.
- Bastian Sick: Füllen Sie sich wie zu Hause, Ein Bilderbuch aus dem Irrgarten der deutschen Sprache. Verlag Kiepenheuer & Witsch, Köln 2014.
- Der Spiegel (Hrsg.): Hohl-Spiegel, Neue beste Fundstücke. Wilhelm Heyne Verlag, München 2013.
- Christian Stang: „Das Gleiche ist nicht dasselbe!", Stolpersteine der deutschen Sprache, Hueber-Verlag, Ismaning 2008.
- Christina Stang/Anja Steinhauer: Komma, Punkt und alle anderen Satzzeichen, die neuen Regeln der Zeichensetzung mit umfangreicher Beispielsammlung. Bibliographisches Institut & F. A. Brockhaus, Mannheim 2007.
- Johannes Thiele (Hrsg.): Rotbuch Deutsch, Die Liste der gefährdeten Wörter. Marixverlag, Wiesbaden 2006.
- WAHRIG-Redaktion (Hrsg.): Wahrig. Richtiges Deutsch leicht gemacht. Bertelsmannverlag, Gütersloh 2009.
- Renate Wahrig-Burfeind: WAHRIG Fremdwörterlexikon. Wissen Media Verlag, Gütersloh/München 2007.
- Heike Wiese: Kiezdeutsch, Ein neuer Dialekt entsteht. C. H. Beck Verlag, München 2012.